Projektmanagement

Das große Buch für agiles Projektmanagement in der Praxis + wie Sie Scrum und Kanban sofort im Berufsalltag einbringen

Ein Buch von: Tim Schweitzer

Inhaltsverzeichnis

Einleitung 8

Einführung in das Projektmanagement 15

Die Projektqualität *24*

Meilensteine setzen 31

Verschiedene Phasen eines Projektes 33

Definition eines Projektes 36

Das Stakeholdermanagement 44

Die Rollenverteilung innerhalb des Projektes ... 51

Die Teamarbeit 55

Menschliche Faktoren im Projekt 58

Die Rahmenbedingungen des Teams 62

Die Erwartungshaltung der Gruppe 65

Prozesse innerhalb der Gruppe 67

Wer trägt die Verantwortung für die Teamentwicklung? 70

Wie die Teamatmosphäre verbessert werden kann 72

Mobbing und Burn-Out verhindern 75

Anforderungen an die Projektplanung 79

Der Nutzen der Anforderungen 82

Ermittlung der Anforderungen 85

Weiterentwicklung der Anforderungen 89

Eigenschaften, die bei der Definition der Anforderungen erfüllt sein müssen 92

Die Planungen bestätigen 94

Methoden des Projektmanagements 101
Der Projektstrukturplan 102
Die Netzplantechnik 106
Meilensteintrendanalyse 110
Lean Project Management 113
Die Scrum-Methode 117
Kanban 120
Risiken im Projekt 124
Arten von Risiken 127
Das Risikomanagement 130
Bewertung von Risiken 134
Maßnahmen gegen das Risiko 138
Das Risikoregister 141
Das Qualitätsmanagement 145
Bedeutung des Qualitätsmanagements 150
Unterschiedliche Qualitätsziele 153
Ziele, um die Qualität sicherzustellen 159
Das Quality Function Deployment 161
Die einzelnen Phasen der Qualität 164
Die Terminplanung 167
Der Nutzen der genauen Terminplanung 171
Abläufe besser abschätzen 174
Abstimmung der Ressourcen und Termine 179
Reserven einplanen 181

Methoden und Tools zur Erstellung des Terminplans 184

Wer führt die Terminplanung durch? 186

Die Kostenkalkulation 189

Weshalb wird der Aufwand geschätzt? 191

Wie werden die Kosten abgeschätzt? 196

Die verschiedenen Schätzmethoden 199

Genauere Planung der Projektkosten 203

Der Kosten- und Terminplan 206

Wer führt die Kostenplanung durch? 208

Projekte lenken und steuern 211

Der Ablauf einer Änderung 214

Eine Analyse des Projektfortschrittes 219

Wie wird der Ist-Zustand gemessen 222

Erstellung von Prognosen 225

Prüfungen im laufenden Projekt 227

Maßnahmen, um das Projekt auf Kurs zu halten 229

Das Projekt zum Abschluss bringen 234

Bedeutung des Projektabschlusses 234

Erstellung der offenen Aktivitäten 238

Formale Projektabschluss 243

Verabschiedung der Mitarbeiter 247

Der Abschlussbericht 251

Fazit 255

Impressum 270

Einleitung

Projekte sind ein ständiger Begleiter in der Unternehmenswelt. Sie können auf vielseitigem Wunsch hin, durchgeführt werden. Als Projekte können unter anderem die Neuentwicklung von Produkten, die Durchführung von Events oder der Bau eines Gebäudes bezeichnet werden. Charakteristisch für ein Projekt ist, dass es sich hierbei um ein Vorhaben handelt, welches in dieser Weise einzigartig ist.

Aufgrund dieser Einzigartigkeit gibt es einige Besonderheiten, die während des Projektes beachtet werden müssen. Während der Planungsphase müssen die Eigenschaften des Projektes zu einem Großteil geschätzt werden. Dies bezieht sich vor allem auf die Kosten und den zeitlichen Rahmen. Erfahrungswerte von ähnlichen Projekten können zwar helfen, um die Schätzungen zu erleichtern, sie können allerdings nicht als Grundlage genommen werden.

Das Projektmanagement ist für die Steuerung des gesamten Projektablaufes verantwortlich. Als verantwortliche Person agiert hier vor allem der Projektleiter. Dieser trifft die meisten Entscheidungen und sorgt dafür, dass die vorgegebenen Ziele des Auftraggebers eingehalten werden.

In diesem Buch wird beschrieben, wie ein Projekt durchgeführt wird und welche Möglichkeiten dem Projektmanagement zur Verfügung stehen, um das Projekt erfolgreich abzuschließen.

Zunächst wird beschrieben, wobei es sich überhaupt um ein Projekt handelt. Projekte können sehr vielfältig sein und es ist wichtig, eine gemeinsame Basis zu schaffen. Es wird erörtert, was überhaupt ein erfolgreiches Projekt ausmacht und wie die Projektqualität definiert wird. Der alleinige Abschluss eines Projektes stellt noch keinen Erfolg dar. Hier kommt es hauptsächlich darauf an, zu welchem Grad die Anforderungen des Kunden erfüllt wurden. Um diesen Erfüllungsgrad festzustellen, muss gleich zu Beginn definiert werden, wie diese Ziele gemessen werden. Diese dienen beim Abschluss des Projektes als Gradmesser für den Erfolg.

Im dritten Kapitel werden die Eigenschaften des Projektes weiter ausgeführt. Das Projekt stellt eine einzigartige Arbeitsumgebung dar. Daraus ergeben sich einige Herausforderungen, die sich in den Prozessen widerspiegeln. Es wird beschrieben, wie der Projektauftrag gestaltet wird. Dieser dient als Grundlage für alle weitere Arbeiten und in ihm werden die Ziele des Projektes festgehalten. Gleichzeitig üben einige Akteure einen Einfluss auf das Projekt aus. Im Abschnitt über das Stakeholdermanagement wird beschrieben, wie alle Parteien zufriedengestellt werden und weshalb diese für den Projekterfolg wesentlich sind. Gerade bei Bauprojekten zeigt sich, dass Bürger zunehmend kritisch reagieren und für eine Verzögerung des Projektes sorgen können. Je mehr Widerstand es von außen gibt, desto schwieriger gestaltet sich der Ablauf des Projektes.

Menschen üben nicht nur einen äußeren Einfluss auf das Projekt aus. Wie die Einteilung der Teams optimiert werden kann, wird im vierten Kapitel beschrieben. Für den letztendlichen Projektverlauf sind die Teams verantwortlich. Es wird gezeigt, wie für eine möglichst harmonische und produktive Arbeitsatmosphäre gesorgt wird. Zudem findet auch eine Erörterung über die optimale Teamgröße statt. Es zeigt sich, dass die Grenzen der Teamgröße schnell erreicht sind und die Aufnahme neuer Teammitglieder nicht immer positiv ist. Gerade hinsichtlich der Kommunikation treten einige Probleme auf, die im Vorhinein betrachtet werden müssen.

Danach wird die eigentliche Projektplanung im fünften Kapitel beschrieben. Je nach Komplexität des Projektes kann dies für eine lange Zeitdauer ausgelegt sein. Zu Beginn findet eine genaue Planung statt, welche die Durchführung in all seinen Schritten erörtert. Basis dieser Planung sind die Anforderungen des Auftraggebers. Dieser möchte mit der Durchführung des Projektes einen bestimmten Nutzen erzielen. Aufgabe des Projektmanagements ist es nun, mit der Umsetzung des Projektes, diese Anforderungen zu erfüllen. Dazu müssen die Anforderungen identifiziert und definiert werden. Wie genau dies geschieht, wird in diesem Kapitel erläutert. Nur indem eine sorgfältige Planung erfolgt, kann die Erfüllung der Anforderungen sichergestellt werden. Diese Ziele müssen so umformuliert werden, dass diese unter objektiven Kriterien bewertbar sind.

Wesentlich für die Projektplanung ist das Anfertigen verschiedener Pläne. Der Projektstrukturplan stellt den umfangreichsten Plan dar. In ihm werden alle Aktivitäten und Aufgaben zusammengefasst, die während des Projektes durchgeführt werden. Wie genau dieser gestaltet wird, ist im sechsten Kapitel erläutert. Zusätzlich zu der Beschreibung der einzelnen Aufgaben werden weitere Informationen bereitgestellt. Die Aufgaben werden um die möglichen Kosten und den zeitlichen Fristen erweitert und als Arbeitspakete bezeichnet. Für die Umsetzung des Projektstrukturplans gibt es verschiedene Methoden. Eine Methode, die zu Beginn vor allem in der Produktion Verwendung fand, ist das Kanban. Mit der Arbeitsweise des Scrum und des Lean Project Managements werden weitere Methoden erläutert. Diese haben im Kern gemeinsam, dass eine möglichst effiziente und schlanke Arbeitsstruktur geschaffen wird. Gleichermaßen muss auch eine nachvollziehbare Planung für den Kunden erfolgen. Die Meilensteintrendanalyse bietet die vertragliche Grundlage für den Auftraggeber. Mit dieser kann veranschaulicht werden, inwiefern ein zeitlicher Verzug auftritt oder die Anforderungen erfüllt werden.

Nachdem die grundlegenden Pläne und der Ablauf formuliert wurden, müssen die Risiken während des Projektes erörtert werden. Wie die Risiken aufgenommen werden, ist im siebten Kapitel beschrieben. Da Projekte neuartig und individuell sind, können ganz verschiedene Risiken auftreten. Anhand ähnlicher Projekte können mögliche Gefahren zwar hinzugezogen werden, diese sind allerdings noch nicht vollumfänglich. Der Projektleiter und die Verantwortlichen der Teams sitzen beratend zusammen, um aufzuzeigen, welche Risiken im Verlauf des Projektes auftreten könnten. Danach findet eine Bewertung und Einschätzung der Risiken statt. Zudem wird beschrieben, welche Vorbereitungen getroffen werden können, um den

Risiken zu begegnen und den Projektabschluss nicht zu gefährden.

Danach beginnt mit dem achten Kapitel die Vorstellung des magischen Zieldreiecks im Projektmanagement. In diesem Buch wird dazu zuerst der Begriff der Qualität aufgegriffen. Es wird die Frage beantwortet, wie die Qualität im Projekt definiert wird und welche Maßnahmen notwendig sind, um eine hohe Qualität zu gewährleisten. Die Qualität orientiert sich in erster Linie an den Anforderungen des Kunden. Werden seine Anforderungen erfüllt und die Ziele eingehalten, wird von einer hohen Projektqualität gesprochen. Daran kann schon erkannt werden, dass die alleinige erfolgreiche Durchführung eines Projektes, noch nichts mit einer hohen Qualität zu tun hat. Wird der Kostenrahmen nicht eingehalten oder die vereinbarten Termine verpasst, sinkt die Projektqualität. Gleichermaßen muss auch die langfristige Qualität des Projektergebnisses beachtet werden. Handelt es sich um ein Produkt, welches auf dem Markt eingeführt wird oder um ein Bauwerk, sollten diese möglichst langfristig den gewünschten Nutzen bereitstellen. Der Qualitätsbegriff im Projektmanagement ist also aus verschiedenen Perspektiven zu erläutern.

Nachfolgend wird im neunten Kapitel die Terminplanung beschrieben. Für den Auftraggeber stellt die Einhaltung der Termine eine der höchsten Prioritäten dar. Produkte dürfen nicht zu spät verwirklicht werden, da die Konkurrenz ansonsten einen Vorteil erhält. Ein langfristiges Projekt ist jedoch immer von einigen Unsicherheiten während der Terminplanung begleitet. In diesem Kapitel wird erläutert, welche verschiedenen Pläne und Techniken zur Verfügung stehen, um die Termine so genau wie möglichst abschätzen zu können. Aus diesen Erkenntnissen ergibt sich, welche Aufgaben und Prozesse für die Einhaltung der Termine am wichtigsten sind. Ebenso wird aufgezeigt, welche Einflüsse für eine Verzögerung der Termine sorgen können und welche Gegenmaßnahmen bestehen.

Zum Abschluss des magischen Dreiecks wird im zehnten Kapitel auf die Kostenplanung eingegangen. Gerade in der heutigen wirtschaftlichen Situation sind die Unternehmen einem hohen Druck ausgesetzt, die Kosten in einem Projekt so niedrig wie möglich zu halten und diesen engen Rahmen einzuhalten. Andernfalls sind die Projekte nicht wirtschaftlich und bringen nicht den gewünschten finanziellen Nutzen. Um die Kosten so genau wie möglich zu planen, werden die Methoden des "Top-Down" & "Bottom-Up" beschrieben. Hierbei handelt es sich um zwei Methoden der Kostenkalkulation. Im Zusammenspiel ergeben diese einen möglichst genauen Schätzwert. Für den erfolgreichen Abschluss eines Projektes und der höchstmöglichen Qualität ist es wichtig, dass die Kosten eingehalten werden.

Die Planungen beruhen auf Schätzwerten und während der Durchführung des Projektes sind Abweichungen von der eigentlichen Planung der Normalfall. Das elfte Kapitel zeigt, welche Möglichkeiten dem Projektmanagement zur Verfügung stehen, um die Abweichungen zu ermitteln und zu korrigieren. Diese Abweichungen können sowohl in der Verantwortlichkeit des Projektleiters liegen, als auch von außen kommen. Der Auftraggeber könnte Änderungswünsche haben und diesen wird mit dem

Änderungsmanagement entsprochen. Es wird auch aufgezeigt, welche Auswirkungen die Erweiterung der Teamgrößen hat und ob dies für eine Beschleunigung des Projektes sinnvoll ist.

Ein Projekt ist nicht dann beendet, wenn das Projektergebnis erreicht wurde. Damit das Projekt auch für die durchführenden Organisationen einen langfristigen Nutzen bietet, muss das gesamte Projekt ordentlich aufbereitet und dokumentiert werden. Diese Erfahrungen können bei der Ausführung der nächsten Projekte als Unterstützung dienen. Gerade für die Schätzung der Risiken und der zeitlichen Fristen sind diese Erfahrungen ein großer Vorteil. Aus diesem Grund muss die Dokumentation so aufbereitet werden, dass Außenstehende in kurzer Zeit von diesen profitieren. Der Abschluss des Projektes findet mit einer Abschlusspräsentation und einem Event statt. Das zwölfte Kapitel zeigt auf, wie ein Projekt ordentlich beendet wird und welche Aktivitäten dafür verantwortlich sind. Häufig wird gerade diese Schritte vernachlässigt, was mit einer Verzögerung des Projektes einhergehen kann.

Das Buch stellt einen Gesamtüberblick über das Projektmanagement dar und wie dieses Projekte steuern und lenken kann. Projekte stellen für alle Beteiligte eine hohe Herausforderung dar. Der Projektleiter fertigt in Zusammenarbeit mit den jeweiligen Abteilungen und Experten die Pläne an. Danach ist er für die Einhaltung der Pläne und der Erfüllung der Kundenanforderungen verantwortlich. In diesem Buch wird ein ganzheitlicher Blick auf das Projektmanagement und der Durchführung eines Projektes geworfen. Als Grundlage dient in vielen

Teilen die Produktentwicklung. Je nach Komplexität und Art des Projektes können sich in Detailfragen Abweichungen ergeben. Der Grundaufbau und die Verantwortlichkeit des Projektmanagements werden in diesem Buch ausführlich erläutert.

Einführung in das Projektmanagement

Die Ausgestaltung eines Projektes

In der Wirtschaft wird immer häufiger der Begriff des Projektes verwendet. Projekte beschränken sich aber nicht nur auf die Wirtschaft und Unternehmen, sondern finden auch bei öffentlichen Verwaltungen, Vereinen und Non-Profit-Organisationen Anwendung.

Als bekannte Projekte werden in der Öffentlichkeit vor allem Bauprojekte anerkannt. Die Elbphilharmonie in Hamburg gehört dazu ebenso, wie der Flughafen Berlin-Brandenburg. An letzterem Beispiel zeigt sich bereits, zu welchen Problemen es innerhalb eines Projektes kommen kann und wie eine deutliche Fehlplanung und Missmanagement sich auf den Projekterfolg auswirken.

Neben dem Bau von Gebäuden wird auch die Organisation von großen Events als Projekt verstanden. Hierzu können die Olympischen Spiele oder die Fußball-Weltmeisterschaft zählen. Projekte sind also Bestandteil des Alltags und nicht nur im Beruf wahrnehmbar.

Auf privater kleinerer Ebene ist das Ausrichten eines Sportturniers ebenfalls ein Projekt. Projekte besitzen also einen großen Anteil am Leben und nicht immer wird Ihnen bewusst sein, welche größeren und kleineren Projekte Sie in Ihrem Leben eigentlich schon gesteuert haben.

Die Definition des Projektes besagt, dass es sich um ein Vorhaben handelt, welches durch die Einmaligkeit der Bedingungen in ihrer Gesamtheit gekennzeichnet ist.

Ein Projekt kann sich also unter denselben Bedingungen nicht wiederholen. Die Bedingungen sind aber sehr vielfältig. Hierzu zählen Projektmerkmale, wie die Zielvorgabe, der zeitliche und finanzielle Rahmen oder die personelle Zusammensetzung.

Im Allgemeinen wird die Definition noch erweitert. Für die Definition des Projektes ist es erforderlich, dass mehrere Personen daran beteiligt sind. Es können sich also mehrere Personen zusammenschließen, um das Projekt erfolgreich abzuschließen.

Bei größeren Projekten mit einer hohen Anzahl von Beteiligten werden Arbeitsgruppen gebildet, die jeweils eigene Unterziele verfolgen und das Projekt insgesamt unterstützen. Es können aber auch Institutionen am Projekt mitwirken. Durch die Vielzahl der Beteiligten ist die Prozessstruktur sehr bedeutsam. Die Arbeit muss sinnvoll unterteilt werden, damit die gesteckten Ziele erreicht werden.

Auf internationaler Ebene weichen die Definitionen in Details voneinander ab. Es gibt aber vier Merkmale, die die Basis jedes Projektes bilden.

Projekte sind immer für eine zeitlich begrenzte Dauer ausgelegt. Es gibt ein Projektziel, welches zu einem bestimmten Zeitpunkt erreicht werden soll. Das Projektteam arbeitet an der Verwirklichung dieses Ziels und dass der Zeitpunkt eingehalten wird.

Als zweites Merkmal wird die Einmaligkeit hervorgehoben. Das Projekt ist in seiner Beschaffenheit individuell und es gibt kein anderes Vorhaben, dass zu diesen Bedingungen schon einmal bewerkstelligt wurde. Für die Personen, die am Projekt beteiligt sind, ist jedes Projekt also eine neue Erfahrung.

Da mehrere Personen am Projekt mitwirken, ist der arbeitsteilige Prozess ein weiteres wichtiges Merkmal. Durch die Mitarbeit von einer Vielzahl von Experten werden wichtige Erfahrungen und Fachkenntnisse in das Projekt eingebracht. Damit das Projekt erfolgreich abgeschlossen wird, gibt es Verantwortliche, die für die Steuerung der Teams zuständig sind. Die Koordination und die effektive Zusammenarbeit sind eine der Hauptfaktoren, um ein Projekt erfolgreich abzuschließen.

Das vierte Merkmal bezieht sich nochmals auf die Einmaligkeit eines Projektes. Allerdings wird hierbei vor allem der Kenntnisstand beschrieben. Je weiter das Projekt fortschreitet, desto mehr Erkenntnisse werden hinzugewonnen. Im Zuge des Projektfortschrittes warten immer neue Herausforderungen auf die verantwortlichen Personen. Dies bedeutet, dass Projekte sich laufend ändern und der aktuelle Wissensstand als neue Basis dient.

Dies sind die vier Merkmale eines Projektes. Das Projektmanagement beschäftigt sich nun mit der "Gesamtheit von Führungsaufgaben, -organisation, -techniken und -mitteln für die Initiierung, Definition, Planung, Steuerung und den Abschluss von Projekten".

Das Projektmanagement ist dem Projekt übergeordnet. Mithilfe des Projektmanagements sollen die Ziele überwacht und eingehalten werden. Wie dies im Detail aussieht, werden Sie in diesem Buch erfahren.

Der Projektlebenszyklus

In der Betriebswirtschaftslehre ist bereits bekannt, dass Produkte einem bestimmten Zyklus unterliegen. Bei der Einführung ist der Kenntnisstand noch relativ gering und die Kosten für die Produktion hoch. Erst im Laufe der Zeit werden durch neue Erfahrungen die Kosten gesenkt und der Absatz kann gesteigert werden. Dieser positive Trend hält so lange an, bis das Produkt seinen Höhepunkt erreicht. Je nach Produkt, kann ein gewisser Zeitraum vorhergesagt werden, nach dem das Produkt seinen Höhepunkt erreicht und durch die neue Generation abgelöst wird.

Als Produktlebenszyklus wird der gesamte Verlauf des Produktes bezeichnet. Von der ersten Idee, bis zur Einstellung der Produktion und Entsorgung wird das gesamte Leben durchleuchtet.

Analog verfügt auch ein Projekt über solch einen Zyklus. Da es sich bei einem Projekt um ein Ereignis handelt, welches sich nicht wiederholt und einmalig ist, kann der gesamte Zyklus von der Geburtsstunde bis zur Resteverwertung des Projektes betrachtet werden. Je nach Projekt kann am Ende auch die Entsorgung stehen.

Der Projektzyklus ist dem Produktlebenszyklus sehr ähnlich. In der Wirtschaft und in Unternehmen ist der Projektlebenszyklus dem Produktlebenszyklus in vielen Fällen unterstellt. Das Projekt wird hierbei als Teil des Produktes gesehen.

Am Anfang des Produktes steht ebenfalls das Projekt. Im Rahmen der Projekte wird die Entwicklung des Produktes vorangetrieben. Entscheidend ist aber, dass das Produkt noch lange nach dem Abschluss des Projektes genutzt wird und daher als übergeordnet angesehen werden kann. Das Projekt ist in vielen Fällen nach der erfolgreichen Einführung des Produktes abgeschlossen. Im Laufe des Produktlebens können einzelne Projekte ins Leben gerufen werden, um den Absatz zu steigern oder die Qualität zu verbessern. Damit schließen sich jedoch nur neue Projekte an, die ebenfalls dem Produkt untergeordnet werden.

Eine immer größere Bedeutung erfährt die Nachhaltigkeit in den Projekten. Denn mit dem Abschluss des Projektes ist dieses noch längst nicht beendet. Gerade bei Großprojekten, wie der Ausrichtung einer Sportveranstaltung oder einem Bauprojekt, werden Aspekte der Nachhaltigkeit wichtiger. So muss schon in der Planungsphase sichergestellt werden, dass das Projekt keine langfristigen Schäden hinterlässt.

Für die erfolgreiche Integration des Projektes innerhalb des Produktlebenszyklus müssen verschiedene Betrachtungen voneinander abgegrenzt werden.

Als Grundlage gilt die Projektdauer. Hier müssen die Ziele genau definiert und festgelegt werden, bis zu welchem Zeitpunkt das Projekt verwirklicht sein soll.

Wesentlich ist als weiterer Punkt, dass erörtert wird, in welcher Weise der positive Projektabschluss genutzt wird. In vielen Fällen gliedert sich an das Projektergebnis der Produktlebenszyklus an. Hier muss entschieden werden, inwieweit das Projekt am Produktlebenszyklus beteiligt ist. Es können aber auch neue Projekte ins Leben gerufen werden, während das Produkt schon am Markt etabliert ist.

Als dritte Betrachtungsweise ist die nachhaltige Wirkung von immer größerer Bedeutung. Es geht hierbei nicht nur um das isolierte Projekt, sondern auch, wie mit den erfolgreichen Ergebnissen umgegangen wird. So muss erörtert werden, wie hoch der Wartungsbedarf ist, ob eine langfristige Nutzung möglich ist und wie hoch der mögliche Entsorgungsaufwand sein wird.

Projekterfolg definieren

Ein Projekt wird immer mit einem bestimmten Ziel initiiert. Innerhalb eines fest definierten Zeitraums, soll das Ziel erreicht werden. Mit dem Projekterfolg wird meist etwas Positives verbunden. Durch den Erfolg kann das Unternehmen einen höheren Gewinn erreichen und in der Öffentlichkeit besser wahrgenommen werden.

Der Projekterfolg ist aber nicht so einfach zu definieren und offensichtlich, wie es oftmals angenommen wird. Der Erfolg stellt lediglich sicher, dass das Projekt abgeschlossen wurde. Dabei wird die Frage aber noch nicht beantwortet, zu welcher Qualität das Projekt beendet wurde. Ist der alleinige Abschluss schon als positiver Erfolg zu bewerten?

Dies lässt sich vor allem am Flughafen Berlin-Brandenburg gut ablesen. Dieser ist bereits einige Jahre im Verzug und die Kosten des Projektes sind um ein Vielfaches gestiegen. Würde die Fertigstellung des Bauprojektes bedeuten, dass ein positiver Erfolg erreicht wurde? Oder überschatten diese Qualitätsfaktoren das Projekt, sodass selbst bei Fertigstellung ein eher ernüchterndes Resümee gezogen werden muss?

Der Projekterfolg muss anhand objektiver messbarer Kriterien nachgewiesen werden. Die subjektive Erfüllung von Eigenschaften wird ebenfalls als Kriterium für den Projekterfolg herangezogen.

Die Frage ist, wer für die Bewertung des Projektes verantwortlich ist. Projekte werden von Auftraggebern initiiert. Diese haben verschiedene Ziele und nicht immer sind diese auch gleichzeitig die Nutzer des Projektergebnisses. Somit muss unterschieden werden zwischen dem Kunden (Auftraggeber), den Nutzern des Projektergebnisses und den Beteiligten des Projektes. Zur Finanzierung des Projektes gibt es zudem noch die Stakeholder, die ebenfalls zufriedengestellt werden sollen.

Ein Grad zur Messung des Projekterfolges könnte nun die Zufriedenheit der Kunden sein. Als Kunde können sowohl

Organisation oder Personen auftreten. Diese erwarten eine gewisse Leistung, bzw. Produkt.

Die Kundenzufriedenheit wird beschrieben als der Grad der Erfüllung der Anforderungen. Sind die Anforderungen des Kunden also zu 100 Prozent erfüllt worden, liegt eine hohe Kundenzufriedenheit vor. Gibt es hingegen einige offene Punkte, die beim Projekt nicht erfüllt wurden, sinkt die Kundenzufriedenheit dementsprechend.

Auftraggeber und Geldgeber sind nicht immer identisch. Liegen hierbei verschiedene Parteien vor, wird die Messung der Zufriedenheit schwieriger. Beide Parteien verfolgen zwar grundsätzlich den positiven Abschluss des Projektes, die Interessen können im Einzelnen aber voneinander abweichen.

Eine sehr einfache Sichtweise beschreibt den Erfolg des Projektes anhand des zeitlichen Termins und den vereinbarten Kosten. Wird die geforderte Leistung also zu dem festgelegten Termin und innerhalb der vorgesehenen Kosten erbracht, wird das Projekt als erfolgreich betrachtet.

Dies ist eine sehr simple Sichtweise, doch lassen sich diese Kriterien sehr gut kontrollieren. Diese Betrachtung wird als Abwicklungserfolg bezeichnet. Sie durchleuchtet vor allem die Effizienz des Projektes. Beschriebt also, mit welchem Ressourcenaufwand das Projekt fertiggestellt und welche Leistung am Ende des Projektes als Ergebnis geliefert wurde.

Wird dieses Verhältnis der Effizienz noch um den Faktor Zeit erweitert, wird von einem Anwendungserfolg gesprochen. Der Anwendungserfolg beschreibt nun den realen Nutzen für den Kunden. Dabei wird analysiert, ob der Kunde langfristig von dem Projekt profitiert.

Projekte wirken aber nicht nur unmittelbar bis zum Abschluss. Sie haben einen wesentlichen Einfluss auf die Kosten des gesamten Lebenszyklus. Wird zum Beispiel ein Produkt entwickelt, müssen im Rahmen des Projektes schon die gesamten Zykluskosten berücksichtigt werden.

Daher wird der Projekterfolg noch um die Begriffe der Projekteffizienz und der Projekteffektivität erweitert. Bei der Projekteffizienz steht vor allem die Wirtschaftlichkeit im Vordergrund. Das Projektergebnis soll mit einem möglichst geringen Aufwand erreicht werden. Hierbei müssen aber nicht nur die Kosten für das eigentliche Projekt, sondern auch die laufenden Kosten für das Ergebnis betrachtet werden.

Wird ein Projekt zwar als sehr günstig betrachtet und innerhalb der geforderten Zeit abgeschlossen, ist dies grundsätzlich wünschenswert. Sind die laufenden Kosten, die aus dem Projekt aber resultieren, über den Erwartungen, kann nicht von einer hohen Projekteffizienz gesprochen werden.

Bei der Projekteffektivität wird vor allem untersucht, ob die zu Beginn gesetzten Ziele erreicht werden. Je länger ein Projekt dauert, desto eher besteht die Gefahr, dass die eigentlichen Ziele aus den Augen verloren werden. Dies kann darauf zurückzuführen sein, dass neue Herausforderungen und Probleme auftauchen, die zunächst gelöst werden müssen. Daher muss während des gesamten

Projektes immer überprüft werden, inwieweit das laufende Projekt die gesetzten Ziele im Blick behält und erfüllt.

Die Projektqualität

Die Qualität kann anhand objektiver Kriterien gemessen werden. Dabei ist vor allem die Zufriedenheit der Kunden ein wichtiges Kriterium. Die Qualität kann mittels der objektiven Kriterien bestimmt werden. Wurden die Anforderungen, die vor Beginn des Projektes festgelegt wurden erfüllt, kann von einer hohen Qualität gesprochen werden.

Neben dieser objektiven Bewertung ist die subjektive Wahrnehmung des Kunden ebenfalls wichtig. Dieser wird seine Zufriedenheit über das Projekt ausdrücken und auf diese Weise signalisieren, ob aus seiner Sicht das Projekt zufriedenstellend abgeschlossen wurde.

Neben dem Kunden gibt es weitere Parteien, die am Projekt beteiligt waren. Hierzu gehören Stakeholder, die selber als Projektmitarbeiter tätig sein können. Durch die objektive und subjektiv wahrgenommene Projektqualität wird bewertet, ob die Ziele hinsichtlich der erbrachten Leistung und des Projektablaufes erfüllt wurden. Dabei ist nicht nur das Projekt, sondern auch der Prozess dahinter wesentlich für die Projektqualität.

Den letztlichen Projekterfolg und die Projektqualität zu messen ist nicht in allen Fällen sehr eindeutig. Bereits zum Anfang des Projektes sollte genau festgelegt werden, welche Kriterien für den Projekterfolg wesentlich sind. Bei der Entwicklung eines Fahrzeuges könnte zum Beispiel der

Verbrauch im Vordergrund stehen. Wird ein bestimmter Verbrauchswert nicht überschritten und die Schadstoffe in den definierten Grenzwerten gehalten, spricht dies für einen Projekterfolg.

Nicht immer sind diese messbaren Kriterien aber so einfach festzulegen. Projekte können ganz unterschiedliche Ziele verfolgen und diese sind nicht immer objektiv messbar.

Vor dem Start des Projektes müssen daher der interne Auftraggeber und die Projektleitung abstimmen, welche Maßstäbe Sie an das Projekt anlegen wollen. Im Rahmen der Projektqualität wurden verschiedene Konzepte entwickelt. Mit diesen wird eine Vereinheitlichung der Bewertung von Projekten erreicht und diese geben objektive Rahmenbedingungen vor.

Ein Modell ist hierbei das "Project Excellence Model". Dieses wurde von der deutschen Gesellschaft für Projektmanagement entwickelt. Diese schlagen eine Bewertung anhand von neun Kriterien vor.

Eine Alternative wurde von den wissenschaftlichen Autoren Shenhar und Dvir entwickelt. Sie machen sich das Modell der Balanced Scorecard zunutze, um den Projekterfolg zu beschreiben. Dafür führen Sie fünf Dimensionen ein.

Der Begriff des Projekterfolges ist nach Shenhar und Dvir sehr weit gefasst. Sie beschreiben die Effizenz eines Projektes, welches auch eines der neun Kriterien der Gesellschaft für Projektmanagement ist. Die Projekteffizienz ist ein sehr offensichtliches Kriterium und beschreibt sowohl die Einhaltung der Termine, als auch den Kostenrahmen.

Shenhar und Dvir untersuchen den Projekterfolg aber auch mittels des Geschäftserfolges. Es wird also direkt erörtert, wie erfolgreich das Projektergebnis auf dem freien Markt war. Hierbei wird deutlich, dass der Projekterfolg nicht umgehend nach dem Abschluss des Projektes beschrieben werden kann. Der Geschäftserfolg muss erst noch beobachtet werden. In vielen Fällen dauert es also einige Jahre, bis beschrieben werden kann, ob sich der Geschäftserfolg einstellt.

Weitere Kriterien sind die Wirkung für den Kunden und die Wirkung für das Team. Beim Kunden beschreibt dies die Erfüllung der Anforderungen gemäß seiner Spezifikation. Ebenfalls gehört die Kundenzufriedenheit, sowie die Kundenbindung zu diesem Kriterium.

Bei der Wirkung für das Team wird die Zufriedenheit der Mitarbeiter und die gesundheitliche Belastung bewertet. Die Mitarbeiter sollen über eine hohe Zufriedenheit verfügen und nicht über deren Belastungsgrenzen hinaus beansprucht worden sein.

Als fünfte Dimension gilt die Vorsorge für die Zukunft. Projekte werden zwar für einen bestimmten Zeitraum definiert, aber Sie sollen das Ergebnis dennoch zukunftssicher gestalten. Es soll sichergestellt werden, dass auf veränderte Rahmenbedingungen flexibel reagiert werden kann. Die Einführung von neuen Technologien oder das Erschließen von neuen Märkten werden als wesentliche zukunftssichere Maßnahmen beschrieben. Ein Projekt sollte also die Grundlagen bereitstellen, damit der Kunde langfristig das Ergebnis nutzen und nach seinen Vorstellungen anpassen kann.

Im Gegensatz zum Modell von Shenhar und Dvir ist das Modell der Gesellschaft für Projektmanagement deutlich anwendungsbezogener. Während bei dem System der Balanced Scorecard der Geschäftserfolg und die Zukunftssicherung dafür sorgt, das eine direkte Bewertung nach Beendigung des Projektes nicht möglich ist, ist dies bei dem Project Excellence Model anders.

Die Einbeziehung des Geschäftserfolges als Kriterium für den Projekterfolg wird zudem als etwas umstritten betrachtet. Grund hierfür ist, dass der Geschäftserfolg nicht nur von dem Projekt abhängig ist, sondern auch von dem Management, welches danach die Verantwortung übernimmt. Der Projektleiter hat also gar keinen Einfluss mehr darauf, ob sich der Geschäftserfolg einstellt.

Um den Einfluss des Managements auf den Geschäftserfolg festzuhalten, sollten zu Beginn des Projektes die Kompetenzen klar abgesteckt werden. Aufgabe des Projektmanagements ist also auch, zu definieren, welche Aufgaben in ihrer Verantwortung liegen. Dies ermöglicht eine bessere Dokumentation und Beschreibung des Projekterfolges.

Dennoch ist der Projekterfolg auch bei klar definierten Zielen und Abgrenzungen der Kompetenzen nicht immer klar zu bewerten. Die Oper in Sydney gilt hierfür als ein häufig genanntes Beispiel. Die Kosten sind bei der Oper etwa 14 Mal so hoch gewesen, als noch zu Beginn des Projektes veranschlagt wurde. Dadurch wurde die Oper zunächst als Misserfolg eingestuft. Im Laufe der Zeit hat sich das Bauwerk aber als Wahrzeichen der Stadt etabliert und ist weltweit als Symbol für Sydney gültig. Damit hat sich die langfristige Betrachtung etwas verändert und die Oper von Sydney wird trotz der Kostenexplosion als erfolgreiches Projekt bezeichnet.

Vor dem Beginn des Projektes müssen in jedem Fall die Kriterien definiert werden, nach denen der Erfolg bewertet wird. Die Kriterien geben Auskunft darüber, ob die Ziele des Projektes von der Projektleitung und dem Projektteam tatsächlich erreicht wurden.

Ziele definieren

Bei einem Projekt wird immer ein vorher festgelegtes Ziel verfolgt. Das Ergebnis wird zu einem bestimmten Termin und mit vorgegebenen Mitteln realisiert. Dies wird auch als Zieldreieck definiert.

Die Definition des Zieles beschreibt, dass für die Zukunft ein angestrebter Zustand als Ergebnis von Entscheidungen eintreten soll.

Ziele sind für die Bewertung des Projekterfolges wesentlich. Sie bieten aber nicht nur einen Maßstab für die Kontrolle des Erfolges, sondern haben wichtige Funktionen im Rahmen des Projektes.

Eine Funktion der Ziele beschreibt die Koordinationsfunktion. Je nach Projektgröße können diese sehr komplex sein. Es gilt hierbei, dass alle Beteiligten darauf hinarbeiten, dass die Ziele erreicht werden. Die Arbeit der Teams muss so abgestimmt werden, dass die gemeinsam festgelegten Ziele erreicht werden. Dafür werden untergeordnete Ziele definiert, die für die Teams wesentlich sind.

Innerhalb des Projektes treten immer wieder Probleme auf, die bewältigt werden müssen. Um Ziele zu erreichen, müssen Entscheidungen getroffen werden, die mit der Zieldefinition im Einklang stehen. Um Herausforderungen zu meistern, gibt es verschiedene Möglichkeiten. Anhand der Ziele können die Möglichkeiten bewertet werden. Hierbei ist vor allem die Gewichtung der Ziele maßgeblich. Sollen vor allem Termine eingehalten werden, dann werden andere Entscheidungen getroffen, als wenn Kostenaspekte im Vordergrund stehen.

Ein Projekt wird zudem über einen gewissen Zeitraum angesetzt. Mit den festgelegten Zielen kann laufend beschrieben werden, ob das Projekt sich auf dem richtigen Weg befindet. Die Ziele besitzen also eine Kontrollfunktion. So können die angestrebten Ergebnisse, mit den aktuellen Ergebnissen verglichen werden.

Des Weiteren gibt es noch zusätzliche Funktionen, die von den Zielen ausgehen. Sie können zum Beispiel als Motivation dienen. Unterziele, die früher und in kleineren Etappen erreicht werden, stellen eine größere Motivation dar, als wenn es nur ein größeres Oberziel gibt, welches noch in weiter Ferne erscheint. Die Ziele bieten zudem eine Informations- und Legitimationsfunktion.

Zu Beginn des Projektes werden die Ziele, welche erreicht werden sollen definiert. Dabei handelt es sich zunächst noch um grobe Ideen, die im weiteren Verlauf der Realisierung konkretisiert werden. Die Vorstellungen, was am Ende für

Ergebnisse erreicht werden ist zunächst kaum greifbar. Mit zunehmender Planung werden die Ziele jedoch konkreter.

Die zu Beginn gesetzten Ziele können mit der Zeit verändert werden. Ist aus dem Projektverlauf ersichtlich, dass andere Ziele verwirklicht werden sollen, müssen die Ziele dementsprechend angepasst werden.

Aus den Zielen ergeben sich Anforderungen, die erfüllt werden müssen. Zwar können die Ziele im Verlaufe des Projektes sich etwas verändern und angepasst werden, diese Entscheidungen müssen jedoch bewusst getroffen werden. Hierfür wird ein Änderungsmanagement eingeführt, das mit den veränderlichen Zielen vertraut ist. So wird sichergestellt, dass die Ziele sich nicht schleichend im laufenden Prozess ändern und das Projekt vom eigentlichen Ziel abweicht.

Zieldefinitionen müssen bestimmte Eigenschaften erfüllen. Hierfür wird das "SMART"-System häufig genutzt, um die Eigenschaften zu beschreiben. Ziele müssen demnach spezifisch, messbar, erreichbar, realistisch und terminiert sein.

Bei der Zieldefinition wird das Dreieck aus der Zeit, der Leistung und Aufwand gebildet. Das Ziel eines Projektes ist es, dieses erfolgreich zum Abschluss zu bringen. Dabei sollte das Dreieck so balanciert werden, dass eine möglichst hohe Qualität erreicht wird.

Die drei Zieldefinitionen beeinflussen sich gegenseitig und stehen häufig in Konkurrenz miteinander. Bevor das Projekt beginnt, muss daher eindeutig geklärt werden, welche Faktoren im Projekt die höchste Priorität besitzen. Dies sollte im Vorfeld erörtert werden und zu einer gründlichen Planungsphase gehört es auch, dass Alternativen beschrieben und diskutiert werden. So kann direkt zu Beginn sichergestellt werden, dass Entscheidungen schnell und effizient getroffen werden können.

Ähnlich wie die allgemeinen Ziele des Projektes, können sich auch die Prioritäten im Projektverlauf verschieben. Ist die Finanzierung gesichert und ist ausreichend Kapital vorhanden, geht es vor allem darum, den Termin einzuhalten.

Geht es um kommerzielle Produktentwicklung, hat der Termin von vornherein eine hohe Priorität. Wird ein Produkt zu spät eingeführt, kann die Konkurrenz bereits auf dem Markt vertreten sein.

Sowohl die Ziele, als auch die detaillierten Prioritäten können sich innerhalb des Projektverlaufes ändern. Dennoch sind solche Verschiebungen bewusst zu treffen und sollten nicht schleichend umgesetzt werden.

Ziele zu definieren gehört zu den wesentlichen Aufgaben des Projektmanagements und sind als wichtige Kriterien für das Erreichen einer hohen Qualität maßgeblich.

Meilensteine setzen

Projekte werden über einen gewissen Zeitraum geplant. Diese können von wenigen Tagen bis zu mehreren Jahren andauern. Sehr komplexe Projekte können sogar über Zeiträume von mehreren Jahrzehnten durchgeführt werden.

Damit diese Projekte erfolgreich abgeschlossen werden, ist eine strukturierte Vorgehensweise notwendig. Einen Zeitraum von mehreren Jahren zu überblicken stellt eine große Herausforderung dar und ist selten zielführend. Daher werden diese großen Zeiträume in kleinere Etappen aufgeteilt. Diese werden nacheinander absolviert.

Die Etappen werden nach Ihren Hauptaufgaben unterteilt. Wird die Hauptaufgabe einer Etappe erfüllt, wird dieser Zeitpunkt als Meilenstein bezeichnet. Nachdem der Meilenstein erreicht wurde, kann die nächste Etappe und die entsprechende Aufgabe in Angriff genommen werden.

Zum Projektmanagement gehört, dass dieses für eine sehr gründliche Planung des Projektes verantwortlich ist. Dabei gibt es verschiedene Teilgebiete und Methoden. Damit die Termine eingehalten werden, gibt es eine Terminplanung und für das Einhalten der Kosten ist die Kostenplanung entscheidend. Das Risikomanagement beschreibt mögliche Gefahren, die das Projekt beeinflussen können und mit den Anforderungsdefinitionen wird sichergestellt, dass die Ziele klar definiert und erreichbar sind.

Als Ergebnis dieser gesamten Planung wird der Projektplan angefertigt. Die ersten Informationen, die innerhalb dieses Projektplans erörtert werden, bilden die "Baseline".

Diese beschreibt den Idealzustand, der zu einem bestimmten Zeitpunkt erreicht werden sollte. Im Zuge dieser Baseline werden also die Meilensteine des Projektes festgelegt.

Verschiedene Phasen eines Projektes

Durch das Zerteilen des gesamten Projektes in einzelne Phasen wird die Komplexität einfacher beherrschbar. Dabei wird das Projekt als Ganzes betrachtet und ausgehend davon, werden nach der DIN fünf Projektmanagementphasen eingeteilt.

In der ersten Phase muss das Projekt initiiert werden. Hierbei muss die Entscheidung getroffen werden, ob die Projektidee überhaupt weiterverfolgt werden soll oder verworfen wird. Die Entscheidung hierfür wird gemeinsam von dem Management und dem internen Auftraggeber getroffen. Für die Entscheidungsfindung wird in vielen Fällen ein Business Case genutzt.

Nicht nur eine einzelne Projektidee steht hierbei zur Auswahl. Wird eine bestimmte langfristige Vision verfolgt, können auch mehrere Ideen miteinander konkurrieren. In der ersten Phase muss dann die Auswahl getroffen werden, welche Idee weiterverfolgt wird.

Wurde die Entscheidung getroffen, das Projekt zu verfolgen, müssen weitere Aufgaben absolviert werden. Es muss eine Zieldefinition erarbeitet werden und die Stakeholder müssen die Freigabe für das Projekt erteilen. Die Initiierungsphase wird im Wesentlichen von dem Management oder externen Kunden begleitet. Der mögliche Projektleiter oder das Projektteam haben in dieser Phase nur einen sehr geringen Anteil.

Ist die Entscheidung zugunsten des Projektes gefallen, schließt sich die Definitionsphase an. Jetzt wird ein Projektleiter bestimmt und das Projektteam gebildet. Das

Projekt wird formal definiert und beschrieben. Der Projektauftrag wird ausformuliert und sobald alle möglichen Definitionen abgeschlossen sind, kann die Freigabe erfolgen. Dabei müssen die Stakeholder einbezogen werden und diese haben einen wesentlichen Anteil daran, ob ein Projekt freigegeben wird.

Wurde die Freigabe erteilt, geht es nun an die konkrete Planung des Projektes. Hierbei wird die Zukunft des Projektes in Gedanken durchgegangen. Es wird festgelegt, wie und zu welchem Zeitpunkt die Ziele realisiert werden. Es werden auch bestimmte Risiken und mögliche Probleme im Laufe des Projektes betrachtet.

Nachdem alle Planungen abgeschlossen wurden, beginnt die Umsetzungsphase. Nun werden die Aufgaben durchgeführt, die zur Erfüllung des Ziels notwendig sind. Das Projektmanagement ist vor allem dafür zuständig, das Projekt zu steuern. Es ist dafür verantwortlich, dass das gesamte Projekt in der Weise abläuft, dass das Ziel erreicht wird. Ohne das Projektmanagement bestünde gerade bei großen und komplexen Projekten die Gefahr, dass diese in eine andere Richtung abdriften und die eigentlichen Ziele nicht erreicht werden können.

Um das Projekt zu steuern, wird regelmäßig der Arbeitsfortschritt überwacht. Es werden Tests durchgeführt und Ergebnisse überprüft. Verlaufen die Ergebnisse nicht zufriedenstellend, müssen die Pläne angepasst werden. Auf diese Weise wird von dem Projektmanagement sichergestellt, dass das Produkt nach den Vorstellungen des Kunden fertiggestellt wird. Am Ende der Umsetzungsphase muss das Projekt vom Kunden abgenommen werden.

Das Projekt unterliegt einer zeitlichen Frist und ist mit einem konkreten Ziel verbunden. Wurde das Ziel erreicht, ist das Projekt noch nicht automatisch beendet. Es gliedert sich die Abschlussphase an, bei dem das Projekt nachbereitet wird. Rückblickend wird der gesamte Projektverlauf analysiert und wichtige Erkenntnisse daraus gewonnen. Es findet eine Abschlussdokumentation statt und besondere Leistungen werden gewürdigt. Ungenutzte Ressourcen werden wieder zurückgeführt und Ergebnisse dokumentiert. Erst nachdem die Aufgaben abgeschlossen wurden, gilt das Projekt als beendet.

Den Überblick innerhalb des Projektes zu behalten ist eine große Herausforderung. Gerade zu Beginn ist noch ungewiss, wie das Projekt eigentlich ablaufen soll und selten nimmt es den tatsächlichen Verlauf, der auch geplant wurde. Häufig treten Veränderungen auf und das Projekt muss laufend angepasst werden.

Meilensteine und der Projektablauf, der vorher definiert wurde helfen, um den Überblick zu behalten. Der Projektablauf ist den einzelnen Phasen übergeordnet und hilft dabei, eine Orientierung zu gewährleisten. Er wird auch als Makrostrategie betitelt, der allem übergeordnet ist.

An der Mitwirkung von Projekten sind je nach Umfang mehrere Teams beteiligt. Diese müssen koordiniert werden. Damit das Projektmanagement die Teams besser steuern und den Überblick über alle Phasen behalten kann, sollten Schnittstellen gestaltet werden. Dadurch wird sichergestellt, dass alle Personen miteinander verknüpft werden und ein reger Informationsaustausch stattfindet.

Damit das gesamte Projekt zum Erfolg geführt wird, müssen die Ergebnisse sich nahtlos in das Gesamtgefüge integrieren lassen. Nur durch die Schaffung der Schnittstellen wird sichergestellt, dass komplexe Projekte abgeschlossen werden können.

In diesem ersten Kapitel haben Sie das Projekt und das damit verbundene Projektmanagement kennengelernt. Sie erkennen nun, welche Schritte wesentlich für ein erfolgreiches Projekt sind und dass diese sich während der Umsetzung laufend verändern können.

Die gründliche Planung wird als einer der wichtigsten Schritte angesehen und der Abschluss eines Projektes bedeutet nicht, dass dieses auch erfolgreich war. Um den Erfolg zu messen, müssen die einzelnen Ziele im Vorfeld klar definiert werden. Hierbei stehen vor allem der zeitliche Aufwand, die Kosten und die eigentliche Leistung im Vordergrund.

Dem Projektmanagement kommt nun die Aufgabe zu, dass die Ziele des Projektes erreicht werden. Finden Abweichungen statt, greift das Projektmanagement ein und steuert die Arbeiten auf die Weise, dass das gemeinsame Ziel erreicht wird.

Definition eines Projektes

Der Projektauftrag

Das Projekt wird aus einer Idee heraus geboren. Die Idee beschreibt die Vision, die in der Zukunft verfolgt werden soll. Der Beginn eines Projektes ist nicht immer einfach zu bestimmen. So kann eine Idee für eine lange Zeit bereits im Unternehmen vorhanden sein, aber es gab noch keine Motivation, die Idee auch tatsächlich in die Tat umzusetzen.

Der interne Projektauftrag gilt in vielen Teilen, als die Geburtsstunde des Projektes. Nun werden zum ersten Mal wichtige Daten des Projektes erörtert und dokumentiert. Es werden die Ziele festgehalten, die Termine festgesetzt und mögliche Kosten kalkuliert. Daher ist der Projektauftrag ein wichtiges Dokumentationsmittel im Projektmanagement.

Der Projektauftrag gilt nicht nur als der eigentliche Beginn des Projektes. Er stellt eine Übersicht über das gesamte Projekt dar. Dabei geht es aber nicht um rechtsgültige Verträge. Diese werden erst im späteren Verlauf geschlossen. Es handelt sich eher um lose Ideen, die erstmals ausformuliert und dokumentiert wurden.

Laut DIN handelt es sich beim Projektauftrag um einen "Auftrag zur Durchführung eines Projektes oder einer Phase, bei der mindestens die folgenden Punkte erfasst werden: Zielsetzung, erwartetes Ergebnis, Randbedingungen, Verantwortlichkeiten, geplante Ressourcen, übereinstimmende Willensbekundung des Auftraggebers und des Projektverantwortlichen."

Dieser Projektauftrag wird in der Regel intern verfasst. Er hält die Eckdaten, die in der DIN beschrieben werden fest und ermöglicht eine objektive Dokumentation des Projektes. Der interne Projektauftrag bildet die Basis aller weiteren Aufgaben im Projekt. Er gilt somit als Grundlage und sollte daher sehr gründlich erarbeitet werden.

Die Planungsphase beruht auf dem internen Projektauftrag und die Ziele, die dort festgehalten wurden, werden in der Planungsphase umgesetzt. Wurde der Projektauftrag fertiggestellt, geht damit auch die Bildung der Teams und das Verteilen der Ressourcen einher.

Bevor der interne Projektauftrag angefertigt wird, sollte der Business Case durchgeführt werden. Gerade kleinere Projekte scheitern daran, dass diese Aktivität übersprungen und nach der Idee zu schnell mit der Umsetzung des Projektes begonnen wird.

Ein anderer Begriff für den Business Case ist die Machbarkeitsstudie. Diese wird bei sehr umfangreichen Projekten in Auftrag gegeben und ist weitreichender, als der Business Case.

Für den Business Case zuständig ist die Managementebene. Diese ist gleichzeitig auch für die Investitionsentscheidung verantwortlich und fungiert als Geldgeber. Der Business Case wird zu Beginn genutzt, um eine Entscheidung für oder gegen das Projekt zu treffen. Im Laufe des Projektes wird der Business Case aber weiterhin gepflegt und anhand dessen Ergebnisse überprüft, ob die Durchführung des Projektes weiterhin die bestmögliche Entscheidung darstellt.

Der Business Case beantwortet zahlreiche Fragen, die mit dem Projekt verbunden sind. An erster Stelle steht hierbei, weshalb das Projekt durchgeführt werden sollte. Es muss also erörtert werden, inwiefern das Projekt sinnvoll ist und im Einklang mit der Unternehmensstrategie steht. Hat das Projekt einen positiven Einfluss auf die Entwicklung der

Unternehmensstrategie oder sind die langfristigen Ziele des Unternehmens nicht mit dem Projekt vereinbar?

Gleichzeitig müssen auch die Interessen der Stakeholder gewahrt werden. Wenn diese nicht von der Idee überzeugt sind, müssen Alternativen erarbeitet werden, um die Vision des Projektes zu verwirklichen. Hierfür können im Rahmen des Business Case verschiedene Lösungsideen gegenübergestellt werden.

Am Ende des Projektes soll ein Nutzen erbracht und eine Leistung verwirklicht werden. Die Wirtschaftlichkeit gibt Auskunft darüber, wie hoch der Ressourcenaufwand ist, um den Nutzen zu generieren. Mit dem Business Case soll also auch erörtert werden, ob sich das Projekt überhaupt lohnt und der Nutzen mehr Wert ist, als die Ressourcen, die investiert werden.

Der Business Case wird auf Grundlage der vorhandenen Informationen erstellt und gibt eine Übersicht darüber, ob das Verfolgen eines Projektes sinnvoll erscheint.

Nachdem der Business Case durchgeführt und erörtert wurde, welches Projekt den größten Mehrwert bietet, folgt die Auftragserklärung. In diesem Sinne ist wieder der Einwand angebracht, dass gerade in dieser Anfangsphase die Geschwindigkeit nicht entscheidend ist. Vielmehr geht es darum, die Grundlagen des Projekterfolges zu legen. Basiert das Projekt auf einem wackligen Fundament, ist es unwahrscheinlich, dass dieses erfolgreich abgeschlossen wird.

Für die Auftragserklärung sollten sich die Beteiligten daher die Zeit nehmen, um diese so genau und ausführlich wie nötig zu gestalten. Zu den Beteiligten, die die Auftragserklärung mitgestalten gehören der Auftraggeber, die Projektleitung, das Kernteam und mögliche Stakeholder, die aktiv am Projekt mitwirken möchten.

Mit dem Projektauftrag wird die Grundlage für ein erfolgreiches Projekt gelegt. Projekte sind mit einer großen Unsicherheit verbunden. Es wird ein Ziel verfolgt, das unter Umständen mit mehreren Jahren Arbeit verbunden ist und bei dem nicht immer sicher ist, ob das Projektziel tatsächlich erreicht wird.

Diese Unsicherheiten wirken sich auch auf die beteiligten Personen aus. Damit denen die Unsicherheit etwas genommen wird, sind vor allem drei Merkmale entscheidend.

Es muss eine Stakeholder- und Risikoanalyse durchgeführt werden. Damit werden mögliche Risiken, die im Verlaufe des Projektes auftreten, wahrgenommen und deren Auswirkungen bewertet. Dabei ist nicht auszuschließen, dass Risiken zu einem Scheitern des Projektes führen und die Investitionen nicht den gewünschten Mehrwert erbracht haben.

Das zweite Merkmal ist die Projektbeauftragung. Diese umfasst den Projektauftrag, als auch die beteiligten Personen und deren Erfahrungswerte. Gerade der Projektleiter sollte bei umfangreichen Projekten über einen großen Erfahrungsschatz verfügen, um das Projekt erfolgreich steuern zu können.

Als überaus wichtig in der Anfangsphase werden auch die Projekt-Kick-Off-Veranstaltung und die ersten Start-up-

Workshops angesehen. Bei diesen Veranstaltungen werden vor allem die beteiligten Mitarbeiter in das Projekt integriert. Die Teamrollen sollen erörtert und der grobe Ablauf des Projektes festgelegt werden.

Die Kick-Off-Veranstaltung kann den offiziellen Start des Projektes bedeuten. Alle offenen Fragen wurden geklärt und es ist jetzt klar, wie das Ziel des Projektes erreicht werden soll. Diese offizielle Veranstaltung kann von einer Präsentation begleitet werden, in welcher der genaue Projektablauf dargestellt wird.

Im Projektauftrag werden einige wichtige Merkmale des Projektes festgehalten. Dieser kann von den Auftraggebern individuell nach den eigenen Bedürfnissen angepasst werden. In den meisten Fällen sind die folgenden Inhalte Bestandteil des Projektauftrages.

Es wird festgehalten, wer alles am Projekt beteiligt und für dieses verantwortlich ist. Dabei werden die Organisationen des Auftraggebers und des Auftragnehmers dokumentiert. Im Rahmen dieser Organisationen werden wichtige Personen im Projektauftrag erwähnt. Es handelt sich hierbei um Entscheidungsträger und Projektleiter, die wichtige Funktionen besitzen und einen hohen Einfluss auf den Projekterfolg ausüben.

Die Idee des Projektes und welches Ziel damit verwirklicht wird, sollte ebenfalls im Projektauftrag festgehalten werden. Auf Grundlage dieser Idee und des Nutzens wird das gesamte Projekt begründet. Wurde ein Business Case ausgeführt, werden dessen Ergebnisse hier übertragen.

Zudem ist es wichtig, dass der langfristige Nutzen dargestellt wird. Es wird also festgehalten, welche Vorteile sich die Beteiligten von diesem Projekt versprechen. Hierbei geht es vor allem darum, den Nutzen für die Stakeholder zu beschreiben. Wird das Projekt nicht innerhalb derselben Organisation durchgeführt, sondern von externen Dienstleistern, ist deren Nutzen durch die Gewinnerzielung bereits abgeklärt.

Wie bei herkömmlichen Dienstleistungsverträgen, muss im Projektauftrag auch beschrieben werden, wie die eigentliche Leistung aussieht. Dies kann einige Projekte vor Probleme stellen, da zu Beginn nicht immer klar definiert ist, welches Produkt eigentlich geliefert wird. Im Verlaufe des Projektes sollte sich das Ergebnis aber klar zeigen und festgehalten werden. Werden vor allem materielle Leistungen erbracht, fällt die Definition des Projektergebnisses etwas leichter. Das Ergebnis ist greifbarer und kann einfacher beschrieben werden.

Um das Projektergebnis zu realisieren, muss das Projektbudget festgelegt werden. Im einfachsten Fall beschreibt dies einfach nur, wie viel Geld zur Verfügung steht, um das Projekt zu verwirklichen. In diesem Budget sollte bereits der Gewinn als Managementreserve und ein Risikobudget eingeplant werden. Damit ist sichergestellt, dass genügend Ressourcen bereitgestellt werden, um auf bestimmte Risiken reagieren zu können.

Bei dem Projektbudget geht es in vielen Teilen aber nicht um die finanziellen Mittel. Das Kapital stellt nur einen Teil der Ressourcen dar. Bedeutsamer ist in vielen Fällen der Personalaufwand. Hierbei wird beschrieben, wie viele

Arbeitsstunden geleistet werden müssen, um das Projekt abzuschließen. Diesen Arbeitsstunden wird dann ein monetärer Wert zugewiesen.

Die Schätzung des Projektaufwandes gehört zu einem der unsichersten Felder innerhalb des Projektauftrages. Vorteilhaft ist es, wenn auf Erfahrungswerte von anderen Projekten verwiesen werden kann. Je nach Bereich können offizielle Dokumentationen genutzt werden. Im Baubereich stehen dafür zum Beispiel die Kostengruppen und statistische Kostenkennwerte zur Verfügung.

Zu dem Projektauftrag gehört auch, dass die Projektrisiken beschrieben werden. Die Risikoanalyse kann schon Bestandteil des Business Case sein. Bei der Betrachtung des Risikos müssen verschiedene Faktoren berücksichtigt werden. Zu Beginn besteht vor allem das Risiko, dass der gewünschte Nutzen nicht eintreten könnte. Dies kann der Fall sein, wenn ein Wettbewerber ein Produkt schneller am Markt etablieren konnte oder ein Konkurrent eine höherwertige Technologie entwickelt hat.

Im Laufe der Zeit werden die Risiken, die dazu führen könnten, dass das Projekt nicht erfolgreich abgeschlossen wird, bedeutsamer. Nachdem schon einige Ressourcen investiert wurden, soll das Projekt zu einem erfolgreichen Abschluss gebracht werden.

Diese Risiken müssen analysiert werden. Werden diese als zu hoch eingestuft, ist es sinnvoller, die Ressourcen an anderen Stellen einzuplanen, die für einen sichereren Gewinn sorgen.

Im Projektauftrag wird bereits ein grober Terminplan aufgestellt. Dieser beinhaltet sowohl die Start- und Abschlussphase, als auch die Meilensteine, die im Projekt erreicht werden. Ein sehr grober Plan sieht zumindest die Termine für den Abschluss der fünf Phasen eines Projektes vor. Detailliertere Terminpläne können Meilensteine beinhalten, die innerhalb des Projektablaufs erreicht werden sollen.

Der Projektauftrag sollte angefertigt werden, nachdem die Definition des Projektes abgeschlossen ist. Damit können die Ergebnisse der Definitionsphase festgehalten werden. Sollten sich im Laufe des Projektes neue Ergebnisse zeigen, die zu einer Änderung des Projektauftrages führen, können diese eingebracht werden. Für die Änderung ist ein eigener Prozess notwendig, an dessen Ende der Projektauftrag überarbeitet wird.

Das Stakeholdermanagement

An einem Projekt gibt es einige beteiligte Parteien, die einen Einfluss auf das Projekt ausüben. Innerhalb der Definitionsphase muss genau beschrieben werden, wie das Projektumfeld ausschaut und welche Kooperationen bestehen. Das Stakeholdermanagement hat spätestens seit den 80er Jahren eine höhere Bedeutung erhalten und gehört heutzutage zu einer Schlüsselaufgabe, um ein Projekt erfolgreich abzuschließen.

Als Stakeholder werden die Projektbeteiligten bezeichnet, die ein Interesse an dem Verlauf oder das Ergebnis des Projektes haben. Die Stakeholder werden durch das Projekt entweder direkt oder indirekt berührt.

Beim Stakeholdermanagement wird die Zufriedenheit dieser Projektbeteiligten als Vorgabe genannt. Bevor die Zufriedenheit sichergestellt werden kann, muss zunächst erörtert werden, welche Stakeholder im aktuellen Projekt überhaupt vorliegen.

Das Stakeholdermanagement befasst sich also mit dem sozialen Umfeld des Projektes. Hierbei können sowohl Unterstützer, als auch Gegner genannt werden. Es wird erörtert, welche Motivation diese haben und wie sich deren Einfluss auf das Projekt auswirken kann.

In der Öffentlichkeit erfährt das Stakeholdermanagement vor allem eine große Bedeutung bei Bauprojekten. Dies kann zum Beispiel bei überirdischen Stromtrassen oder anderen Infrastrukturprojekten beobachtet werden. Anwohner können als Gegner dieser Projekte auftreten und mitunter dafür sorgen, dass diese nicht verwirklicht werden können. Das Bauprojekt "Stuttgart 21" zeigt hierbei deutlich, welche Bedeutung das Stakeholdermanagement und die Kommunikation mit allen Beteiligten hat. Werden die Interessen der Beteiligten ignoriert, kann dies verheerende Auswirkungen auf das gesamte Projekt haben.

Das Stakeholdermanagement wird aber nicht betrieben, um alle Parteien glücklich zu stellen. Vielmehr werden auf diese Weise bestimmte Risiken abgemindert. Durch das Management der Stakeholder wird die Wahrscheinlichkeit des Projekterfolgs erhöht. Bei größeren Projekten wird die Anzahl an Stakeholdern schnell unübersichtlich und es ist kaum möglich, die Interessen aller Beteiligten im gleichen Maße zu berücksichtigen.

Die Empfehlung der DIN lautet daher, dass die Bedürfnisse und Erwartungen der Stakeholder mit angemessenem Verständnis und Aufmerksamkeit begegnet werden sollte. Es müssen also Prioritäten gesetzt werden und nicht jede Gruppe der Beteiligten kann auf gleiche Weise bedacht werden.

Die Stakeholder können je nach Zustimmung zum Projekt in verschiedene Gruppen unterteilt werden.

Als Förderer werden diejenigen Beteiligten verstanden, die sich für das Projekt engagieren. Sie stehen dem Projekt positiv gegenüber und liefern Ressourcen, die zu einem Projekterfolg führen können. Sie haben ebenfalls einen wichtigen Einfluss auf die Definition der Anforderungen.

Gruppen, die dem Projekt eher kritisch gegenüberstehen, können als Skeptiker bezeichnet werden. In dieser Gruppe werden die Beteiligten zusammengefasst, die sachlich gegen das Projekt argumentieren. Die Argumente sollten aufgefasst und in der Risikoanalyse integriert werden. Die Argumente können Hinweise auf mögliche Risiken liefern, die bisher noch nicht erkannt wurden.

Offene Gegner des Projektes werden zu den Opponenten gezählt. Sie können zu einem Risiko für den Erfolg des Projektes werden. Im Gegensatz zu den Skeptikern, liefern diese aber nicht unbedingt sachliche Argumente, sondern handeln irrational.

Beobachtet werden sollte auch die Gruppe der neutralen Stakeholder. Diese können sich entweder zu Befürwortern oder Gegnern des Projektes entwickeln.

Die Einteilung der verschiedenen Gruppen ist wichtig, damit das Projektteam entsprechende Strategien und Maßnahmen umsetzen kann, um das Projekt zu stabilisieren und voranzutreiben.

Damit das Projekt eine möglichst hohe Erfolgswahrscheinlichkeit hat, müssen die Stakeholder möglichst früh identifiziert und einbezogen werden. Das Stakeholdermanagement gehört zu den Aufgaben, die schon vor der Ausarbeitung des Projektauftrages ausgeführt werden sollte. Wird das Stakeholdermanagement erst in der Projektplanung oder der Durchführung beachtet, können mögliche Probleme nicht mehr ausreichend gelöst werden. Zu Beginn des Projektes sind die Möglichkeiten der Lobbyarbeit und des Marketings noch sehr weitreichend möglich und flexibel. Das Projekt ist in seiner Anfangsphase noch flexibel und die Interessen der Stakeholder können eher berücksichtigt werden.

Besonders in Zusammenarbeit mit politischen Entscheidungsträgern und mit Umweltverbänden kommt dem Stakeholdermanagement eine hohe Bedeutung zu. Nicht jedes Projekt ist jedoch so groß und komplex, dass die Auswirkungen bis in die Politik spürbar sind. Wird ein kleineres Projekt innerhalb eines Unternehmens umgesetzt, können Gespräche mit dem Betriebs- oder Personalrat vorteilhaft sein, um die Interessen aller Beteiligten zu wahren.

Das Stakeholdermanagement sorgt dafür, dass der Projektverlauf nicht ins Stocken gerät und reibungsfrei abläuft. Ziel des Stakeholdermanagements ist es, dass eine positive oder zumindest neutrale Haltung gegenüber dem

Projekt eingenommen wird. Dabei soll eine Verbindlichkeit erreicht werden, sodass eine gewisse Planungssicherheit besteht.

Im Umgang mit den Stakeholdern gibt es wichtige Kommunikationsregeln.

Die Beteiligten sollten in jedem Fall wahrgenommen und angehört werden. Wird die Kritik ignoriert, kann sich dies als großer Nachteil im Verlaufe des Projektes äußern. Zum einen können die Kritiker anstreben, das Projekt zu blockieren, zum anderen kann berechtigte Kritik übersehen werden.

Nach dem Anhören sollte die Motivation der Stakeholder verstanden werden. Dazu ist es vorteilhaft, wenn eine gewisse Empathie gezeigt wird. Sich in die Rolle des Gegenübers hineinzuversetzen, kann hilfreich sein, um dessen Position besser zu verstehen.

Mit den Stakeholdern sollte aktiv der Kontakt gesucht werden. Dadurch fühlen sich diese besser verstanden und können das Feedback aufnehmen. Zudem ist die Integration der Stakeholder in den Projektablauf vorteilhaft, damit diese ein besseres Verständnis entwickeln.

Wurde die Haltung zum Positiven verändert, sollte eine Verpflichtung angestrebt werden. Nur durch die Verpflichtung kann das Risiko dauerhaft und mit einer gewissen Sicherheit reduziert werden.

Für das Stakeholdermanagement wesentlich ist die Stakeholderanalyse. Bei der Analyse werden zunächst alle möglichen Beteiligten identifiziert und bewertet, welche Bedeutung diese haben. So können manche Beteiligte eine sehr geringe Bedeutung auf den Projektablauf haben, während andere Gruppen einen sehr großen Einfluss ausüben. Die Bewertung und der Einfluss können sich mit der Zeit aber verändern.

Ein wichtiger Grundsatz ist, dass nicht die Projektteams darüber entscheiden, wer als Stakeholder anerkannt wird. Als Stakeholder gilt jeder Beteiligte, der eine bestimmte Meinung zum Projekt vertritt und meint, vom Projekt betroffen zu sein.

Dennoch muss ausgehend vom Projekt analysiert werden, wer alles zu den Stakeholdern gehört. Um alle möglichen Stakeholder zu identifizieren, sind Gespräche mit den Auftraggebern, Nutzern oder Lieferanten wichtig. Diese können wichtige Erkenntnisse darüber liefern, welche Gruppen oder Personen als Stakeholder auftreten.

Die Stakeholder werden zunächst zwar als Gruppe gesehen, letztlich besteht die Gruppe aber immer aus einzelnen Individuen. Treten Umweltorganisationen oder Behörden als Gegenspieler auf, geht es hierbei immer um Menschen, die handeln und auftreten.

Die Identifikation der Stakeholder kann auf Grundlage von Gesprächen, Befragungen und Workshops erfolgen. Wichtig sind zudem Dokumentationen vergangener Projekte, bei denen Stakeholder bereits identifiziert wurden.

Nachdem die Stakeholder identifiziert wurden, muss die Bewertung erfolgen, welche Gruppen einen hohen Einfluss auf den Projekterfolg haben. Die Ressourcen eines Projektes sind begrenzt und daher müssen Priorisierungen vorgenommen werden. Dadurch wird sichergestellt, dass die

Ressourcen so auf die Stakeholder verteilt werden, dass die Wahrscheinlichkeit des Projekterfolges maximiert wird.

Die Stakeholder können sowohl einen positiven, als auch negativen Einfluss auf das Projekt nehmen. Dies wird im Rahmen der Bewertung berücksichtigt. Zudem wird festgehalten, wie hoch der ausgeübte Einfluss der Stakeholder tatsächlich ist.

Der Einfluss der Stakeholder macht sich dadurch bemerkbar, wie viel Zeit diese bereit sind in das Projekt zu investieren, um diese entweder positiv oder negativ zu gestalten. Zusätzlich wird analysiert, wie hoch der mögliche Machteinfluss ist. Verfügt eine Gruppe über ein hohes Machtpotential und ist diese gewillt, viel Zeit in das Projekt zu investieren, sollte offensichtlich sein, dass diese zu den wichtigen Stakeholdern gehört.

Nachdem die Stakeholder und deren Bedeutung identifiziert wurden, müssen Sie nun die richtige Strategie wählen, damit diese eine positive Haltung zum Projekt einnehmen. In Abgrenzung der Bewertung der Stakeholder ist zudem offensichtlich, dass die Strategie auf die einzelne Gruppe angepasst werden muss. Die Stakeholder werden also unterschiedlich behandelt.

Von wichtiger Bedeutung für das Stakeholdermanagement sind die Kommunikation und das Projektmarketing. Die Kommunikation stellt sicher, dass die Stakeholder sich angesprochen fühlen und als Beteiligte des Projektes verstanden werden.

Beim Stakeholdermanagement stehen Menschen und deren Meinungen zum Projekt im Vordergrund. Diese Meinung kann von Gefühlen begleitet werden. Daher ist es wichtig, dass nicht nur Kostenaspekte beim Stakeholdermanagement betrachtet werden. Dies könnte dazu führen, dass einige Beteiligte nicht mit der notwendigen Aufmerksamkeit bedacht werden. Zudem gilt in der Kommunikation immer, dass ein respektvoller Ton herrschen sollte.

Durch das gezielte Projektmarketing werden die positiven Seiten des Projektes gezeigt. Es wird verdeutlicht, welcher Nutzen durch das Projekt entsteht. Dadurch kann die Öffentlichkeit vom Projekt überzeugt werden und Behörden könnten dazu bewegt werden, die benötigten Genehmigungen zu erteilen.

Nicht nur das Projekt als solches sollte mit Marketingmaßnahmen betrachtet werden. Steht die Entwicklung eines Produktes im Vordergrund, sollte ebenfalls ein Marketing durchgeführt werden, welches sich auf das Produkt konzentriert.

Das Stakeholdermanagement gewinnt also immer mehr an Bedeutung und gerade wenn es um Projekte geht, die die Umwelt betreffen, müssen sämtliche Gruppen einbezogen werden, damit der Projektverlauf nicht negativ beeinflusst wird.

Die Rollenverteilung innerhalb des Projektes

Das Projekt ist ein kompliziertes soziales Gefüge, in denen eine Vielzahl von Personen mitwirken, um ein gemeinsames Ziel zu erreichen. Soziale Strukturen gehen damit einher, dass jede Person ihre Rolle innerhalb einer Gruppe findet. Im Projektmanagement gibt es ebenfalls wichtige Rollen, die erfüllt werden müssen. Dazu gehören unter anderem der Projektleiter, Teilprojektleiter, der Qualitätsmanager oder der Projektcontroller.

Das Verteilen von verschiedenen Rollen ist notwendig, damit die Aufgaben erledigt werden und die Verantwortlichkeiten unter den Mitwirkenden geklärt sind. Projekte können eine hohe Komplexität aufweisen und mit einer Vielzahl von arbeitsteiligen Prozessen einhergehen. Es sind weitreichende Themenfelder abzudecken und die Projektaufgaben müssen bewältigt werden. Um diese Aufgaben zu erledigen, werden Personen bestimmte Rollen zugeteilt. Damit können diese sich auf ein bestimmtes Aufgabengebiet konzentrieren und werden nicht durch die hohen Anforderungen überfordert. Personen können aber auch mehrere Rollen besitzen, wenn Sie über die notwendigen Kompetenzen verfügen.

In kleineren Projekten nimmt der Projektleiter in der Regel mehrere Rollen ein. Steigt der Gesamtumfang des Projektes, werden die Aufgabengebiete und die zugeteilten Rollen spezialisierter.

Eine der Hauptpersonen für den Erfolg des Projektes ist der Projektleiter. Dieser wird als eine Art Unternehmer angesehen, der für die Zeit des Projektes die gesamte Verantwortung übernimmt. Er waltet über die Arbeit der Teams und tritt als Schnittstelle zum Auftraggeber, dem Projektteam, der Lieferanten und praktisch allen Beteiligten des Projektes auf. Über die einzelnen Teams hat er allerdings keine große Machtbasis. Hier ist die Führungsverantwortung der Teamleiter wichtiger. Die Projektleiter sind dafür verantwortlich, dass die Aufgaben unter dem Zeitdruck rechtzeitig fertiggestellt werden. Dabei müssen Sie Ihr Handeln der jeweiligen Situation anpassen. Die Führung kann also nicht nach einem bestimmten Schema ausgeführt werden, sondern muss zum Projekt und den Beteiligten passen.

Der Projektcontroller ist eine wichtige Person des Projektes, die den Projektleiter bei der Planung und Steuerung unterstützt. Er hat vor allem die Aufgabe, den Projektleiter mit entscheidungsrelevanten Informationen zu versorgen. Eine seiner Hauptaufgaben ist es, die Daten des Projektes aufzubereiten und bereitzustellen. In diesem Aufgabenfeld ist er mit der Erstellung der Termin-, Ressourcen- und Kostenplanung vertraut. Er erstellt zudem alternative Pläne, die den möglichen Entscheidungen entsprechen. Müssen Änderungen am Projekt durchgeführt werden, können die Auswirkungen der Korrekturen vom Projektcontroller überprüft werden. Auf Grundlage der Informationen des Projektcontrollers trifft der Projektleiter seine Entscheidungen.

Eine Rolle, die bereits sehr langer Zeit in Projekten verankert ist, ist die des Systemarchitekten. Er ist eher für die technischen Belange des Projektes verantwortlich. So muss der Systemarchitekt sicherstellen, dass das zu entwickelnde Produkt den Vorstellungen des Auftraggebers entspricht und die gewünschten Leistungen erfüllt. Dabei muss er auch die Qualität des entsprechenden Produktes im Überblick haben und den gesamten Lebenszyklus im Blick behalten. Der Systemarchitekt ist also vor allem im technischen Bereich wichtig, um das Projekt erfolgreich zum Abschluss zu bringen.

Die Qualität ist eines der wichtigsten Faktoren im Projekt. Sie stellt einen hohen Wettbewerbsfaktor dar und ist am Markt entscheidend für den Kunden. Wird die gewünschte Qualität nicht erreicht, gilt das Projekt als fehlgeschlagen. Daher kommt dem Qualitätsmanagement eine sehr wichtige Rolle im Projekt zu. Der Qualitätsmanager ist für die Gesamtqualität des fertigen Produktes zuständig. Dabei muss er das Projekt als Gesamtheit im Überblick behalten, gleichzeitig aber auch die Teilprozesse optimieren. Seine Aufgaben bestehen in der Qualitätsplanung, der Qualitätslenkung, der Qualitätssicherung und der Qualitätsverbesserung.

Gerade zu Beginn sind Projekte mit großen Unsicherheiten verbunden und es ist nicht immer absehbar, welche Probleme im Projektverlauf auftreten können. Welche Gefahr diese Risiken darstellen, wird durch den Risikomanager überprüft. Der Risikomanager identifiziert die Risiken und bewertet, welch großen Einfluss diese auf das Projekt nehmen können. Im weiteren Fortschritt des Projektes gibt er laufend neue Einschätzungen zu den Risiken ab und bewertet diese unter den neuesten Erkenntnissen.

Die Bedeutung der beteiligten Personen an dem Projekt wurde bereits im vorherigen Abschnitt ausführlich erläutert. Das Stakeholdermanagement ist dafür verantwortlich, dass alle Gruppen, die von dem Projekt direkt oder indirekt betroffen sind, diesem wohlwollend gegenüberstehen. Zumindest ist es das Ziel, dass es keine kritischen Gruppen gibt, die eine Gefahr für das Projekt darstellen könnten. Der Stakeholdermanager übernimmt die Kommunikation mit diesen Gruppen und stellt sicher, dass das Projekt ohne Beeinflussung von außen reibungsfrei ablaufen kann.

Die Teamarbeit

Die Rollen mit hoher Führungsverantwortung sind für das Projekt zwar von hoher Bedeutung, für den Fortschritt des Projektes sind aber vor allem die Mitarbeiter in den Teams verantwortlich. Diese lösen die komplexen Aufgaben und sorgen dafür, dass die gesetzten Ziele erreicht werden.

Die Teamarbeit gehört zu einer der wichtigsten Arbeitsformen im 21. Jahrhundert. Dennoch ist diese mit einigen Schwierigkeiten hinsichtlich der Abstimmung innerhalb und zwischen den Teams behaftet. Auch Konflikte können zwischen den einzelnen Teammitgliedern dafür sorgen, dass der Gesamtfortschritt etwas ins Stocken gerät.

Nicht nur in ausgewiesenen Projekten wird die Teamarbeit als eine der Kernfähigkeiten von Mitarbeitern angesehen. Es gibt wohl kaum eine Arbeitsstelle, die ganz ohne Teamarbeit auskommt und daher ist es wichtig, dass jeder Mitarbeiter in der Lage ist, innerhalb eines Teams eine gute Zusammenarbeit zu leisten. Im Verbund und im Team können die komplexen Aufgaben idealerweise schneller gelöst werden, als wenn Einzelpersonen mit den Aufgaben vertraut wären.

Die Teamarbeit kann aber auch kritisch gesehen werden. So wird angemerkt, dass die Leistungsbereitschaft innerhalb eines Teams unterschiedlich ist. Während einige Mitarbeiter mit vollem Eifer dabei sind, die Ziele erreichen zu wollen, gibt es andere Mitglieder, die sich kaum in das Team integrieren und bei der Arbeit mithelfen.

Die Definition des Teams geht vor allem darauf ein, dass dies ein Verbund von wenigen Personen ist, die ein bestimmtes Ziel verfolgen und für einen gewissen Zeitraum gebildet werden. Wichtig bei diesem Teambegriff ist die Einhaltung sozialer Regeln und Normen.

Dadurch zeigt sich bereits, dass nicht nur die Fachkenntnisse eine wichtige Rolle spielen, sondern auch die sozialen Faktoren wesentlich sind für die fruchtbare Arbeit im Team.

Die Teams existieren für die Projektarbeit mit einer zeitlichen Befristung. Diese Frist kann sich entweder über das gesamte Projekt erstrecken oder nur für einen Teilbereich gültig sein. Die Teamzusammenstellung wechselt aber in den meisten Fällen im Laufe des Projektes. Gerade beim Übergang in eine neue Phase des Projektes werden neue Mitglieder in das Team eingebunden. Dabei ist es möglich, dass die Mitglieder an mehreren Projekten gleichzeitig arbeiten oder diese Arbeit zusätzlich zu Ihrem Tagesgeschäft erledigen.

Die Arbeit in einem Team ist von vielen Faktoren abhängig. Damit das Team sowohl vom sozialen Gefüge, als auch von den Fachkenntnissen her eine optimale Arbeit leisten kann, ist die Teamentwicklung wichtig. Bei der Teamentwicklung steht im Vordergrund, dass die Mitglieder Ihr spezifisches Wissen einbringen und dadurch den Fortschritt sicherstellen. Eine offene Teamatmosphäre, die vom Teamleiter erreicht wird, stellt eine ideale Arbeitsumgebung dar.

Die Teamentwicklung wird in unterschiedlichen Phasen unterteilt. Dabei geht es über das Kennenlernen, in die Streitphase, der Vertragsphase, der Arbeitsphase und der

Orientierungsphase. Der Projektleiter ist dafür verantwortlich, dass die Teams optimale Arbeitsbedingungen vorfinden und die Teamentwicklung vorangetrieben wird. Zu Beginn des Projektes ist der erste Workshop von hoher Bedeutung, um die Kommunikation unter den Teams sicherzustellen.

In diesem Kapitel haben Sie gelernt, wie ein Projekt definiert wird und aus welchen Bestandteilen der Projektauftrag besteht. Dieser bildet die Grundlage für das weitere Vorgehen im Projekt, kann im Laufe der Arbeit aber auch angepasst werden. An einem Projekt werden viele Gruppen und Personen direkt oder indirekt beteiligt. Besonderen Einfluss haben vor allem Umweltgruppen, die das Projekt komplett blockieren könnten. Im Rahmen des Stakeholdermanagements sollen diese Gruppen dem Projekt wohlwollend gegenüberstehen und den Projektablauf nicht stören.

Innerhalb des Projektes gibt es eine große Menge an Mitarbeitern. Damit diese effektiv arbeiten können, sind verschiedene Rolleneinteilungen unerlässlich. Dabei kommen den Projektverantwortlichen besondere Rollen zu. Diese sind für die Überwachung und Steuerung des Projektes zuständig.

Auf der untersten Ebene findet die Teamarbeit statt. Diese bildet die Basis für den Fortschritt des Projektes. Nur wenn die Teams effektiv zusammenarbeiten, können komplexe Aufgaben gelöst und das gemeinsame Ziel erreicht werden. Der Projektleiter steht hierbei in der Verantwortung, für eine Atmosphäre zu sorgen, die positiv für jedes Teammitglied ist. Bei der Auswahl der Teammitglieder spielen nicht nur die fachlichen Kenntnisse eine Rolle, sondern auch die Teamfähigkeiten.

Menschliche Faktoren im Projekt
Die Teamentwicklung

Teams werden zeitlich befristet gebildet, um das gemeinsame Ziel des Projektes zu erreichen. Im vorherigen Kapitel haben Sie bereits eine Einführung in die Teamarbeit erhalten und welche übergeordneten Rollen es innerhalb des Projektes gibt. Nun erhalten Sie einen detaillierteren Einblick in die Teamarbeit und wie diese gefördert werden kann.

Damit Menschen erfolgreich in einem Team zusammenarbeiten, ist eine gute Teamatmosphäre notwendig. Die einzelnen Mitglieder müssen sowohl auf fachlicher, als auch sozialer Ebene gut miteinander harmonieren. Bietet das soziale Gefüge keine gute Basis, kommt es zu häufigeren Auseinandersetzungen. Es entstehen Reibungsverluste und der Fortschritt des Projektes ist in Gefahr.

Daher ist es wichtig, dass das Team sich in eine Richtung entwickelt, bei der optimale Arbeitsbedingungen vorzufinden sind. Nur auf diese Weise kann das volle Potenzial der Mitglieder so genutzt werden, dass die Arbeit schnell voranschreitet.

In Projekten müssen Lösungen zu sehr komplexen Aufgaben gefunden werden. Nur wenn alle Teammitglieder sich sinnvoll einbringen können, werden die Ziele effizient erreicht.

Die Teamentwicklung ist kein Prozess, der erst angestoßen werden muss. Das Team entwickelt sich bereits aus der Arbeit heraus und die Strukturen bilden sich von selber. Die Teamentwicklung findet also permanent statt und muss daher vom Teamleiter in bestimmte Bahnen gelenkt werden, damit das Team eine optimale Arbeit leisten kann.

Die Art und Weise, wie sich ein Team entwickeln kann und welche Probleme bei der Zusammenarbeit auftreten können, ist sehr komplex. Einer der größten Faktoren bei der Teamarbeit ist die Anzahl der beteiligten Personen.

Je mehr Personen im Team mitwirken, desto komplizierter wird die Zusammenarbeit. Ein Team kann hierbei nicht beliebig erweitert werden. Geht eine Teilleistung des Projektes eher schleppend voran, ist es nicht immer eine gute Lösung, dem Team mehr Mitarbeiter zur Verfügung zu stellen. Das Optimum an Teammitgliedern ist schnell erreicht. Dieses liegt bei etwa 6 Personen.

Werden mehr Personen dem Team hinzugefügt, leidet die Kommunikation. Sie wird wesentlich komplexer und die Verständigung ist unter den Mitgliedern nicht mehr so einfach möglich. Dies führt dazu, dass Arbeiten nicht mit der nötigen Motivation durchgeführt werden und die Teilleistungen sich nicht nahtlos in das Gesamtgefüge eingliedern lassen.

Die Komplexität der Kommunikation zeigt sich schon an der Anzahl der Kommunikationskanäle. Bei 6 Personen bestehen 15 mögliche Kommunikationsbeziehungen. Wird die Gruppe nun auf 10 Personen erweitert, erhöht sich die Anzahl der Kommunikationsbeziehungen auf einen Wert von 45. Durch die Steigerung der Kommunikationskanäle kann es häufiger zu Missverständnissen kommen und es fällt schwerer, das Team zu leiten.

Ein Projekt besteht in der Regel aus mehreren Teams, die die arbeitsteiligen Leistungen erbringen. Sie unterstehen dem Projektmanager und werden von diesem gesteuert. Innerhalb eines Projektes gibt es verschiedene Hierarchien und Rollen, die von den Teams angenommen werden.

Das Kernteam unterstützt den Projektmanager direkt bei der Führung und dem Management des Projektes. Dadurch wird es leichter, die Teams zu koordinieren und diese erbringen Arbeitspakete, die für das Erreichen des Gesamtzieles notwendig sind.

In kleineren Projekten gibt es ein klassisches Kernteam, welches sich hauptsächlich um die Projektmanagement Aufgaben kümmert, nicht. Hier besteht das Kernteam vor allem aus Personen, die die Fachaufgaben erledigen. Erst bei größeren Projekten, die über ein sehr weitreichendes Budget verfügen, ist es sinnvoll, wenn es ein Kernteam gibt, das sich ganz den Aufgaben des Projektmanagements widmet. Andere Teams widmen sich in diesen Fällen den fachlichen Aufgaben.

Das Kernteam ist nicht anhand der zeitlichen Betätigung am Projekt zu definieren. Es gibt durchaus Teams, die Ihre ganze Arbeitsleistung im Projekt aufwenden, aber nicht zum Kernteam gehören. Das Kernteam ist vor allem über die

Intensität der Zusammenarbeit in den Hauptphasen des Projektes gekennzeichnet.

Dem Kernteam gehören die verantwortlichen Führungspersonen an, die das Projekt überwachen und so lenken, dass es zum Erfolg führt. Daher gehören neben dem Projektleiter auch der Projektcontroller, der Systemarchitekt und der Qualitätsmanager zum Kernteam. Je nach Umfang und genauer Organisation des Projektes wird das Kernteam um zusätzliche Personen erweitert. Dies können Stakeholder sein, die ein großes finanzielles Interesse am Projekt haben und daher einen gewissen Einfluss ausüben möchten oder zumindest sehr nahe an der Informationsquelle sitzen. Vertragspartner können ebenso zum Kernteam gehören, wie der Risikomanager.

Das Kernteam bleibt als solches aber nicht immer konstant. Die Rollen können je nach Projektphase variieren und die Personen ausgetauscht werden. In der Durchführungsphase werden zum Beispiel technische Leiter in das Kernteam aufgenommen, die über die Fertigung des Produktes berichten können. Ebenfalls können andere Personen aus der Entwicklung oder Forschung dem Kernteam angehören und Auskunft über den aktuellen Stand der Arbeit geben.

Vertrags- und Risikomanager treten im Verlaufe des Projektes immer mehr in den Hintergrund. Die Risiken sind weitestgehend erfasst und die Unsicherheiten schwinden mit dem Fortschreiten des Projektes. Eine enge Zusammenarbeit des Kernteams ist wichtig, um eine optimale Kommunikation zu gewährleisten. Daher ist es auch bei globalen Projekten vorteilhaft, wenn die Mitglieder des Kernteams am selben Ort arbeiten. Am besten ist es, wenn diese sich ein eigenes Büro teilen. Dadurch wird die Zusammenarbeit gefördert.

Neben dem Kernteam gibt es eine Reihe von weiteren Teams, die das Projekt fachlich unterstützen. Je nach Projektart können dies ganz unterschiedliche Teams sein. Häufig sind dies Teams, die sich mit der Entwicklung, Produktion oder Design beschäftigen.

Des Weiteren gibt es Teams, die die Infrastruktur des Projektes sicherstellen. Sie sind ebenfalls dafür verantwortlich, dass das Projekt reibungsfrei abläuft und die fachlichen Teams sich auf Ihren Bereich fokussieren können. Zu diesen unterstützenden Teams gehören der Einkauf & die Beschaffung, das Rechnungswesen und die Verwaltung.

Wichtig ist hierbei, dass jeder Mitarbeiter eine Leistung im Projekt verwirklicht. Daher sollte das Projektmanagement die Leistung jedes Mitarbeiters entsprechend würdigen. Für eine positive Arbeitsatmosphäre ist es wichtig, dass jeder Mitarbeiter sich seiner Bedeutung bewusst ist. Durch die Anerkennung kann dies sichergestellt werden. Auf diese Weise wird verhindert, dass die Teams sich missgünstig gegenüberstehen und womöglich Neid auftreten könnte.

Die Rahmenbedingungen des Teams

Für die Zusammenarbeit im Team müssen bestimmte Rahmenbedingungen vorherrschen. Diese sind bei jedem Projekt unterschiedlich und müssen von den Projektverantwortlichen festgelegt werden.

Gerade wenn es um die Organisation von internationalen Teams geht, bietet die Technologie einige Erleichterungen für die Kommunikation. Dennoch werden daraus auch wieder Gefahren abgeleitet.

Das Internet und moderne Kommunikationstechnik bieten die Möglichkeit der virtuellen Zusammenarbeit. Hierbei können Teams, die über den gesamten Globus verteilt sind, in Kontakt miteinander treten insofern diese über eine Internetverbindung verfügen.

Die Idee dieser vernetzten Zusammenarbeit ist aber nicht durch das Internet geboren. Vor dem Internetzeitalter gab es bereits die Möglichkeit per Depeschen oder Telegramme miteinander zu kommunizieren und die Projekte voranzutreiben.

Das Internet bietet nun natürlich ganz neue Möglichkeiten, doch wird dadurch alles besser? Die Entscheidung, ob alle beteiligten Teams an einem Ort zusammenarbeiten sollen oder an verschiedenen Standorten verteilt bleiben, hängt von verschiedenen Faktoren ab.

Die Vorteile der verteilten Arbeit besteht darin, dass Kosten reduziert werden und die Arbeit sehr viel flexibler gestaltet werden kann. Das Wissen wird besser genutzt, da Mitarbeiter nicht aufgrund von örtlichen Restriktionen von dem Projekt ausgeschlossen werden. Zudem muss die Infrastruktur für das Projekt nicht extra erschaffen werden, sondern es kann auf die bestehende Infrastruktur zurückgegriffen werden.

Mit der virtuellen Zusammenarbeit sind aber auch einige Nachteile verbunden. So kann es dazu kommen, dass ein Konkurrenzverhalten unter den Teams auftritt. Ein gewisses Maß an Konkurrenz ist zwar vorteilhaft, diese kann aber auch dazu führen, dass die Teams gegeneinander arbeiten. Möglicherweise wird Wissen nicht geteilt, sondern nur zum eigenen Nutzen eingesetzt.

In der Praxis zeigt sich, dass durch die virtuelle Zusammenarbeit risikoreichere Entscheidungen getroffen werden. Die Entscheidungsträger sind von den Folgen Ihrer Entscheidung nicht unmittelbar betroffen. Dies zeigt sich auch in einer niedrigeren Identifikation mit dem Projekt. Dadurch sinkt die Leistungsbereitschaft und die Mitarbeiter schöpfen nicht Ihr volles Potenzial aus.

Das Internet bietet zwar die Möglichkeit, dass Teams sich viel besser miteinander vernetzen können. Bestehen jedoch die finanziellen Ressourcen, sollten die Teams sich an einem Ort zusammenfinden und dort die Projektarbeit durchführen.

Im Sinne der Rahmenbedingungen müssen auch die Hintergründe der Teammitglieder beachtet werden. Die Vielfalt innerhalb der Teams nimmt zu und damit auch die kulturellen Unterschiede. Gerade in internationalen Unternehmen ist es wichtig, dass die unterschiedlichen Kulturen geachtet werden.

Dadurch wird sichergestellt, dass Mitarbeiter sich nicht übergangen fühlen, sondern motiviert am Projekt mitwirken. Hier sollte von Anfang an eine offene Unternehmenskultur gelebt werden, die eine Integration verschiedener Kulturen ermöglicht.

Für manche Personen kann die Arbeit innerhalb eines Projektes aber auch zu einer völlig neuen Herausforderung werden. Sie sind die Arbeit innerhalb eines eng verzahnten Teams vielleicht nicht gewohnt, sondern kennen eher die

Arbeit im eigenen Büro. Dies kann zu verschiedenen Konflikten führen und es sollte von Anfang an darauf geachtet werden, dass dieses neue soziale Gefüge kein Hindernis darstellt.

Bestärkt wird dieses Problem noch, wenn das Projekt auf einem engen begrenzten Raum stattfindet. Handelt es sich zum Beispiel um ein Bauprojekt, dass an einem sehr entlegenen Ort stattfindet, muss sichergestellt werden, dass es auch Möglichkeiten gibt, um sich zurückzuziehen.

Diese Rahmenbedingungen müssen im Vorfeld erörtert werden und danach entscheidet sich, welche Mitarbeiter am besten mit den Rahmenbedingungen zurechtkommen. So kann es für einige Mitarbeiter zum Problem werden, wenn diese Ihren Standort wechseln müssen oder Ihre Leistung unter den Projektbedingungen leidet.

Die Erwartungshaltung der Gruppe

Die Gruppenmitglieder besitzen eine gewisse Erwartungshaltung an der Arbeit in der Gruppe. Ähnlich wie das Projekt über ein übergeordnetes Ziel verfügt, besitzen auch die Teammitglieder Ihre eigenen Ziele. Gerade im Umgang miteinander kommen diese Erwartungen zum Tragen.

Dies bedeutet, dass die Teammitglieder eine gerechte Behandlung erwarten und insgesamt ein kollegialer Umgang geführt wird. Zudem wird erwartet, dass die Mitglieder zuverlässig sind und Ihre Aufgaben erfüllen.

Das Teamverständnis ist allerdings nicht universal. Es muss daher geklärt werden, welche Atmosphäre den besten Erfolg bietet. Ein kollegialer Umgang kann die Stimmung heben und für eine bessere Zufriedenheit der Mitarbeiter sorgen. Gleichzeitig besteht das Risiko, dass die Arbeit nicht mit der notwendigen Ernsthaftigkeit durchgeführt wird und die Autorität der Führungspersonen untergraben wird.

Deshalb sollte ein Konsens gefunden werden, bei dem festgelegt wird, welche Teamatmosphäre den größten Erfolg bietet und die Mitglieder möglichst zufrieden stimmt. Die Erwartungen der Teammitglieder sollten dabei offen kommuniziert werden. Ebenso sollten Probleme angesprochen werden. Nur auf diese Weise können Konflikte frühzeitig beigelegt werden, ohne dass diese zu größeren Problemen heranwachsen. In jedem Fall ist also eine offene Kommunikationskultur wichtig, damit die Mitglieder des Teams Ihre Bedürfnisse äußern können und eine hohe Zufriedenheit angestrebt werden kann.

Für die Schaffung einer optimalen Teamatmosphäre wurden drei Eigenschaften als kritisch identifiziert.

Im ersten Punkt soll eine Gerechtigkeit innerhalb des Teams sichergestellt werden. Dies bedeutet, dass Aufgaben auf alle Mitglieder gerecht verteilt werden und diese sich gleichermaßen in das Team einbringen. Häufig besteht die Gefahr, dass ein Hauptteil der Arbeit nur von wenigen Mitgliedern des Teams erledigt werden, während andere Mitglieder sich zurückziehen und Aufgaben im geringeren Umfang erledigen. Neben der Verteilung der Arbeitslast gilt auch eine gerechte Anerkennung und Würdigung der Arbeit als wichtig. Es sollte die Arbeit eines jeden Mitarbeiters gewürdigt werden.

Als zweite Eigenschaft wurde die Zuverlässigkeit identifiziert. Hierbei geht es vor allem darum, dass die Aufgaben zu den gegebenen Terminen erledigt werden. Innerhalb eines Teams werden die Aufgaben verteilt und von den Teammitgliedern erledigt. Stellen sich Mitglieder als unzuverlässig heraus, belastet dies die Arbeit der anderen Mitglieder und gefährdet den gemeinsamen Erfolg.

Daraus ergibt sich das letzte Kriterium, welches sich in der Kollegialität äußert. In vielen Unternehmen herrscht heutzutage eine Ellenbogenmentalität. Mitarbeiter unterstützen sich kaum noch und spielen sich mitunter gegeneinander aus, um vor dem Vorgesetzten einen positiven Eindruck zu erwecken. Für die Teamarbeit ist es aber wichtig, dass die Mitglieder sich vertrauen können. Ein unterstützender Umgang untereinander hilft nicht nur die Atmosphäre zu verbessern, sondern auch die Arbeiten effektiver zu erledigen.

Prozesse innerhalb der Gruppe

Die Teamentwicklung wird nicht einmalig zu Beginn der Formierung der Gruppe durchgeführt. Sie ist ein kontinuierlicher Prozess, der während der gesamten Projektarbeit sich weiterentwickelt. Eine gute Teamatmosphäre kann sich plötzlich zum Negativen entwickeln, obwohl es keinen offensichtlichen Grund dafür gibt.

Um die Teamdynamik besser verstehen zu können, wurden verschiedene Modelle entwickelt. Dabei wird der gesamte Prozess in verschiedene Stufen unterteilt.

Die erste Stufe des Teams ist die Gründungsphase. Die Teammitglieder lernen sich gerade kennen und es ist noch keine feste Gruppendynamik vorhanden. Dadurch, dass noch viele Unsicherheiten bestehen und die Mitglieder sich nicht kennen, wirkt das Klima etwas gehemmt. Indem die Personen sich besser kennenlernen, wird die Stimmung ausgelassener. Während der Gründungsphase wird für außenstehende Personen ersichtlich, dass es sich um ein festes Team handelt. Dadurch wird dem Team etwas Struktur gegeben, was die Sicherheit fördert.

Nachdem das Team geformt wurde, tritt eine Streitphase auf. Die Mitglieder kennen jetzt besser Ihre Persönlichkeiten und Charaktereigenschaften. Jetzt geht es darum, dass jedes Mitglied seinen Platz in der Gruppe findet und versteht, welche Rolle es einnimmt. Dabei kann es zu Konflikten kommen. Die Mitglieder möchten sich vielleicht stärker nach Außen präsentieren, aber dies wird von der Gruppe nicht zugelassen. Aus der hohen Erwartungshaltung an die Gruppe kann eine Enttäuschung entstehen, die sich in aggressivem Verhalten äußern kann. Das Klima scheint vergiftet und Konflikte stehen auf der Tagesordnung. In dieser Atmosphäre ist ein effektives Arbeiten nicht möglich und die Gruppe ist vornehmlich mit sich selber beschäftigt.

Die Streitphase kann nicht ewig andauern und die Mitglieder verstehen, dass Sie Kompromisse eingehen müssen, um die eigentliche Projektarbeit durchzuführen. Es schließt sich die Vertragsphase an, in denen Einigungen angestrebt werden. Aus der ersten Ernüchterung ergibt sich jetzt die Erkenntnis, dass eine fruchtbare Zusammenarbeit nur möglich ist, wenn ein positives Klima herrscht. Daher werden jetzt versöhnliche Töne angeschlagen und versucht, die Konflikte beizulegen. Dazu ist es wichtig, dass verbindliche Vereinbarungen getroffen werden. Diese sind als Dokumentation des aktuellen Standes der Gruppe wichtig und können helfen zukünftige Konflikte zu vermeiden.

Die Anfangsphase der Teambildung ist vor allem mit internen Konflikten verbunden. Wurde das soziale Gefüge gefunden und die Strukturen haben sich gefestigt, kann jetzt die eigentliche Arbeit beginnen. In der Arbeitsphase steht die Zusammenarbeit im Vordergrund. Die persönlichen Konflikte wurden beigelegt und es wird sich darauf konzentriert, die eigentlichen Aufgaben zu absolvieren. Dies geht nur, wenn die Mitglieder kooperieren und gemeinsam das Ziel verwirklichen möchten. Das soziale Gefüge ist von einem Gleichgewicht gekennzeichnet, in der jedes Mitglied seinen Platz eingenommen hat.

Nachdem das Projekt weitestgehend abgeschlossen wurde, schließt sich die Orientierungsphase an. Die Hauptaufgaben wurden beendet und in diesem letzten Abschnitt wird eine Bilanz gezogen und erörtert, welche Erfahrungen aus der Projektarbeit gewonnen wurden. Der Erfahrungsaustausch ist wichtig, um für künftige Projekte besser gerüstet zu sein. Durch die Erkenntnisgewinne können frühe Unsicherheiten besser eingeschätzt und vermieden werden. Die Orientierungsphase gibt den Mitgliedern die Möglichkeit sich voneinander zu verabschieden und für künftige Projekte besser gewappnet zu sein.

Wer trägt die Verantwortung für die Teamentwicklung?

Die Teamentwicklung ist ein sehr komplexes Thema. Der Projektleiter trägt die Verantwortung für den gesamten Erfolg des Projektes. Damit ist er auch verantwortlich für die Entwicklung eines Teams und welche Atmosphäre vorherrscht.

Gerade bei größeren Projekten ist es dem Projektleiter aber kaum möglich, den kompletten Überblick über die Teamentwicklung zu haben und diese zu steuern. Die Teams können zudem an verschiedenen Standorten arbeiten und es fällt dem Projektleiter schwer, einen direkten Zugriff zu haben, um die Atmosphäre selber zu beeinflussen.

Zu diesem Zweck werden Projektcoaches beauftragt, die enger mit den Teams zusammenarbeiten. Der Projektcoach kann entweder intern besetzt oder als externe Unterstützung zu den passenden Phasen hinzugeholt werden. Um die Teamarbeit zu verbessern, kann der Projektcoach die Entwicklung zum Start, während der Arbeitsphase und beim Abschluss des Projektes gezielt fördern.

Beim Start des Projektes wird bereits ein Start-up-Workshop durchgeführt. Dieser kann als Anlass genommen werden, um den Projektcoach zu integrieren und die Teamentwicklung bewusst zu gestalten.

Um die Teamentwicklung zu fördern, können verschiedene Maßnahmen unternommen werden. In einem täglichen Jour fixe, können die Mitglieder Ihre Kritik äußern und Ihr Feedback zur aktuellen Lage der Gruppe kundtun. Der Projektleiter ist bei dieser täglichen Arbeit nicht anwesend.

Er ist aber dafür verantwortlich, dass eine offene Diskussionskultur herrscht, bei welcher Kritik ernstgenommen wird.

Wichtig ist hierbei, dass alle Mitarbeiter sich an den Diskussionen beteiligen und Ihre Meinung äußern. Dies kann sowohl mündlich in den Diskussionsrunden geschehen, als auch in schriftlicher Form. Der Projektleiter wird von den entsprechenden Verantwortlichen über die derzeitige Situation informiert.

Eine Möglichkeit die Teamatmosphäre zu verbessern besteht in der Veranstaltung von Gruppen-Events. Diese finden fernab des Arbeitsplatzes statt und geben den Mitgliedern die Möglichkeit sich auch privat miteinander zu verständigen und die Beziehungen zu pflegen. Diese Events sollten aber nicht zu häufig erfolgen. Liegt eine schlechte Stimmung vor, kann diese nicht durch das Veranstalten von zahlreichen Events wieder zum Positiven beeinflusst werden. Hierfür müssen die Ursachen erörtert und bereinigt werden.

Das Erreichen von Meilensteinen kann genutzt werden, um die Anerkennung gegenüber dem Team zu zeigen. Die Meilensteine können für Abschlussveranstaltungen genutzt werden und dazu dienen, die Arbeit zu würdigen. Dies verbessert die Stimmung und sorgt für eine größere Motivation.

Wie die Teamatmosphäre verbessert werden kann

Einige Punkte wurden bereits angesprochen, die für eine positive Arbeitskultur wichtig sind und für eine bessere Teamdynamik sorgen. Diese werden nochmals vorgestellt und können als Leitfaden für eine positive Arbeitsatmosphäre dienen.

Als einer der wichtigsten Punkte wird die Kommunikation angesehen. Herrscht eine sehr steile Hierarchie und die Meinungen oder Kritiken der unteren Ebenen werden ignoriert, sorgt dies nicht nur für Frust, sondern es wird wichtiges Feedback ignoriert. Damit die Arbeitsbeziehung zwischen den Mitgliedern und den Vorgesetzten fruchtbar ist, muss eine offene Kommunikation möglich sein. Dabei sollten alle Ebenen für die Kommunikation erreichbar sein. Das heißt, dass die Teammitglieder sich auch direkt an höhere Ebenen, als nur dem Teamleiter, wenden können. Auf diese Weise können Missverständnisse früh ausgeräumt werden, bevor diese zu einem fest verankerten Problem heranwachsen.

Die Teammitglieder versuchen Ihre beste Leistung abzurufen und Ihre Fähigkeiten so gut es geht in das Projekt einzubringen. Dennoch passieren Fehler und jeder Mitarbeiter wird wahrscheinlich Fehler begehen, die den Projektfortschritt in einem gewissen Maße negativ beeinflussen. Dass Fehler passieren ist noch nicht das eigentliche Problem, es kommt vor allem darauf an, wie mit diesen Fehlern umgegangen wird.

Wird ein Mitarbeiter für den Fehler gerügt, dann besteht die Gefahr, dass ein Klima der Angst herrscht. Die Mitarbeiter möchten um jeden Preis Fehler vermeiden und erledigen nur Aufgaben, die sehr simpel sind und kaum eine Auswirkung auf den Fortschritt haben. Besser ist es, wenn Fehler analysiert werden und versucht wird, die Fehler zukünftig zu vermeiden. Je nach Projektart können dafür verschiedene Lösungsstrategien etabliert werden. So kann zum Beispiel Software angepasst werden, die sicherstellt, dass menschliche Fehler abgefangen werden, bevor diese sich auf das Projekt auswirken. Die Fehler tragen zum gesamten Erfahrungsschatz bei und sollten weder unter den Teppich gekehrt werden, noch zu einer angsterfüllten Atmosphäre beitragen. Dass Fehler passieren, muss akzeptiert werden und es liegt an der Teamkultur, diese Fehler sachgerecht aufzubereiten.

Aus der offenen Kommunikation und den sich ergebenen Fehlern wächst auch das Verlangen nach einer konstruktiven Feedbackkultur. Die Fehler, die begangen werden können nur sachgerecht aufbereitet werden, wenn ein hilfreiches Feedback abgegeben wird. Diese Rückmeldungen helfen dabei, dass Fehler vermieden werden.

Das Feedback muss aber nicht nur im Rahmen von Kritik abgegeben werden. Es ist genauso wichtig, dass positives Feedback weitergeleitet wird. Das Lob drückt die Anerkennung für die geleistete Arbeit aus und hilft dabei, die Motivation der einzelnen Mitarbeiter hochzuhalten.

Im Rahmen dieser Kultur ist es wichtig, dass das Feedback von jeder Person geäußert werden kann. Die Teammitglieder dürfen genauso Ihre Rückmeldung gegenüber dem

Teamleiter äußern, wie umgekehrt. Wichtig hierbei sind die Formulierung und die Art und Weise, wie die Kritik geäußert wird. Dieses sollte immer sachlich und respektvoll geschehen. Persönliche Anfeindungen helfen in diesem Fall niemandem weiter und sorgen nicht für eine positive Teamkultur.

Für die Verantwortlichen gibt es ebenfalls einige Handlungsempfehlungen, die helfen das Klima innerhalb des Teams positiv zu beeinflussen.

Führungsaufgaben zu übernehmen ist sicherlich keine einfache Arbeit. Auch wenn dies oftmals anders wahrgenommen wird, geht mit dieser Verantwortung auch einiger Stress einher. Dieser Stress sollte sich aber nicht in dem Umgang mit den Mitarbeitern äußern. Die Gefahr besteht hierbei, dass Mitarbeiter nicht als gleichwertig betrachtet werden, sondern von einer höhergelegenen Ebene delegiert werden. Dies sorgt für eine unangenehme Arbeitsatmosphäre, in der die Mitarbeiter des Teams sich nicht ausreichend gewürdigt fühlen. Es ist wichtig, dass die Teamleiter erkennen, dass bei der Mitarbeit immer die Personen im Vordergrund stehen und diese für den Fortschritt verantwortlich sind. Daher sollten diese auch mit dem notwendigen Respekt behandelt werden.

Die Teammitglieder verfügen über unterschiedliche Stärken und Schwächen. Diese sind bei der Einteilung in die Teams noch nicht offensichtlich, können sich aber mit der Zeit immer stärker äußern. Als Führungskraft ist es wichtig, auf diese Stärken und Schwächen einzugehen. Die Aufgaben sollten so verteilt werden, dass die Potenziale der Mitglieder optimal genutzt werden. Dabei muss anerkannt werden, dass die Aufgaben nicht einfach übertragbar sind.

Durch das Erkennen der Stärken und Schwächen wird der Frust für die Mitglieder niedrig gehalten. Jedes Mitglied sollte an die Grenzen seiner Leistungsfähigkeit gebracht und gefordert werden. So ist es möglich, dass sich jedes Teammitglied in großem Umfang in das Projekt einbringen kann.

Um die Atmosphäre zu verbessern, könnte auch die Idee aufkommen, in Sachwerte zu investieren. So könnte das Büro modernisiert oder teure Events besucht werden. Ein gutes Arbeitsumfeld kann zwar durchaus zu einer besseren Arbeitsleistung beitragen. Wenn es aber darum geht die sozialen Beziehungen untereinander zu verbessern, sind solche Maßnahmen nicht unbedingt förderlich. Anstatt also finanzielle Ressourcen zu investieren, sollte lieber die Diskussionskultur gefördert werden.

Eine positive Arbeitsatmosphäre kann nur geschaffen werden, wenn die Probleme aufgearbeitet werden. Das "Überlagern" durch teure Investitionen bietet in der Regel nur einen kurzen Motivationsschub. Langfristig müssen sich die Mitglieder aber auf zwischenmenschlicher Ebene gut verstehen, damit die gesetzten Ziele erreicht werden.

Mobbing und Burn-Out verhindern

Eine immer größere Gefahr bei der Projektarbeit und in der modernen Arbeitswelt allgemein stellen psychische Erkrankungen dar. Das Mobbing ist hierbei als Symptom eines Arbeitsklimas zu verstehen, das für die Mitarbeiter nicht positiv ist und diese unter einem zu großen Druck setzt.

Als Mobbing werden gezielte Handlungen bezeichnet, die sich gegen einen Mitarbeiter richten. Dies kann sich in negativen Äußerungen zeigen oder in dem Ausgrenzen von wichtigen Teamaktivitäten. Gerade bei der engen Teamarbeit innerhalb eines Projektes kann das Mobbing zu einem großen Störfaktor werden, der den Projekterfolg in Gefahr bringt.

Ursachen des Mobbings sind meistens eigene Ängste und Unsicherheiten. Mitglieder, die häufig unter Stress stehen und mit der aktuellen Situation unzufrieden sind, lassen Ihren Frust an anderen Mitgliedern aus.

Eine offene Diskussionskultur, welche schon zu Beginn der Teamarbeit gefördert wird, ist wichtig, um Konflikte frühzeitig zu lösen. Andernfalls werden andere Mitarbeiter als Quelle der Unzufriedenheit gesehen oder es wird das schwächste Mitglied der Gruppe gemobbt.

Neben der Diskussionskultur ist es wichtig, dass es weitere Angebote gibt, um den Stress zu mindern. Natürlich gibt es bei der Arbeit an Projekten Phasen, die mehr Arbeit verlangen. Wird dieses hohe Arbeitspensum zu einem Dauerzustand, kann sich dieser Stress nicht nur in einem schlechten Arbeitsklima und Mobbing äußern, sondern zu Stresserkrankungen führen.

Das Burn-out ist eine Erkrankung, die eine große Gefahr für die Teammitglieder darstellt. Zeitpläne müssen streng eingehalten werden und dies macht es erforderlich, dass das Arbeitspensum in bestimmten Phasen stark ausgeweitet werden muss. Der zusätzliche Stress ist allerdings nicht als Ursache für das Burn-out zu sehen. Die Mitglieder sind in der Lage, den Stress für eine gewisse Dauer auszuhalten. Wird dieser allerdings zu einem Dauerzustand, führt dies nicht nur zu möglichen psychischen Erkrankungen, sondern die Arbeitsleistung fällt deutlich ab.

Daher sollten schon zu Beginn Maßnahmen ergriffen werden, um den Stress zu reduzieren. Regelmäßige Sportangebote oder Entspannungsübungen können helfen, den Stress zu reduzieren. Diese Angebote sollten von den Mitgliedern angenommen werden, um die Teamentwicklung positiv voranzutreiben. Im Vordergrund sollten hierbei vor allem die Aktivitäten miteinander stehen. Ein Konkurrenzdenken ist fehl am Platz und die Sportangebote sollten nicht zu einer Wettkampfsituation führen.

Gleichzeitig hilft das Verteilen der Aufgaben und das Berücksichtigen der Stärken und Schwächen, dass eine Überlastung vermieden wird. Durch diese Maßnahmen werden automatisch die Gefahren des Mobbings reduziert und es entsteht eine Arbeitsatmosphäre, bei der sich alle Mitglieder des Teams akzeptiert und wertgeschätzt fühlen.

Die Teamarbeit bildet das Fundament eines jeden Projektes und nur wenn die Arbeit an der Basis gut voranschreitet, kann das Projekt im Ganzen umgesetzt werden.

Für die positive Teamatmosphäre müssen einige Eckpunkte eingehalten werden, die in diesem Kapitel dargelegt wurden. Bei der Teambildung muss bereits darauf geachtet werden, dass die Anzahl der Teammitglieder einen großen Einfluss auf die weitere Arbeitsweise hat. Ein Team bestehend aus 6

Mitgliedern ist noch relativ einfach zu steuern und die Kommunikation erweist sich als sehr direkt. Bei 10 Mitgliedern wird es schon überaus schwer, die Kommunikation aufrechtzuerhalten und so zu gestalten, dass keine Missverständnisse aufkommen.

Von Anfang an sollte zudem eine offene Kultur gelebt werden. Dies bedeutet, dass Fehler offen angesprochen werden, die Kommunikation in jede Richtung erlaubt ist und ein regelmäßiges Feedback ermöglicht, eine Einschätzung zur Arbeitsleistung zu erhalten.

Beachtet werden muss zudem, dass es sich immer um Menschen handelt, die in dem Team mitarbeiten. Diese haben Ihre eigenen Stärken und Schwächen und bei der Teamzusammenstellung ist es wichtig, diese zu beachten. Dabei können auch kulturelle Unterschiede einen Einfluss auf die Zusammenarbeit haben.

Projektleiter sind verantwortlich, diese Regeln und Leitlinien im Projekt zu etablieren. Umgesetzt werden diese durch Projektcoaches und den einzelnen Teamleitern. Die Teamentwicklung findet ununterbrochen während der Teamarbeit statt. Indem zu Beginn die Regel für einen respektvollen Umgang miteinander etabliert werden, kann die Atmosphäre in die richtigen Bahnen gelenkt werden.

Auf diese Weise sind die Teammitglieder nicht nur zufriedener, sondern können eine bessere Arbeitsleistung liefern.

Anforderungen an die Projektplanung

Anforderungen definieren

Zu Beginn der Planungsphase ist es erforderlich, dass die Anforderungen der vereinbarten Ziele definiert werden. Diese müssen so formuliert werden, dass sie messbar sind. Dadurch können diese im Verlaufe des Projektes dazu dienen, den Erfolg zu überprüfen und zu analysieren.

Die Anforderungen so zu definieren, dass diese messbar sind, gehört zu den wesentlichen Aufgaben der Planungsphase. Viele Projekte sind auf diese Weise gestaltet, dass diese Ziele haben, die nicht nach objektiven Kriterien bewertet werden können. Bauwerke sollen ein "schönes" Design haben. Für Philharmonien ist eine erstklassige Akustik wünschenswert. Doch was bedeutet dies eigentlich für das Projekt und wie können diese Ziele umgesetzt werden?

Solche Eigenschaften sind mit objektiven Kriterien kaum messbar. Dies macht es schwierig, den Wert des Projektes und seinen Erfolg zu messen. Schwierig wird zudem, zu beschreiben, ob die Anforderungen überhaupt erfüllt wurden.

Um diese Probleme zu lösen, müssen die Anforderungen der Ziele so gestaltet werden, dass diese klar messbar sind. Die Anforderungen werden dokumentiert und können während des Projektverlaufes überprüft werden. Nur auf diese Weise kann der Projektfortschritt oder der Abschluss überhaupt erreicht werden.

Die Kriterien so umzuformulieren, dass diese sich messen lassen, ist allerdings mit einigem Aufwand verbunden. Schließlich müssen die Anforderungen an das Projekt gründlich überdacht und umformuliert werden. Dass messbare Anforderungen ausformuliert werden, ist für den Erfolg eines Projektes kritisch. Das Unterlassen dieses Schrittes gilt als einer der Hauptgründe, weshalb Projekte nicht erfolgreich abgeschlossen werden.

Indem die Messbarkeit nicht gewährleistet wird, kann der Projektfortschritt nicht überprüft werden. Es wird schwer die Ziele zu erreichen und die Teams können Aufgaben verrichten, die nicht direkt mit dem Ziel zusammenhängen, sondern sich in verschiedene Richtungen entwickeln.

Als Ausgangslage der Anforderungen an das Projekt dienen die Ziele, welche von den Stakeholdern definiert werden. Durch das Erreichen der Ziele wird ein Nutzen für die Stakeholder erreicht.

Die Anforderungen im Projekt zu definieren, ist ein eigenständiger Prozess, der als solches wahrgenommen werden sollte. Gerade in technischen Disziplinen ist das genaue Formulieren der Anforderungen wichtig. Dies betrifft insbesondere die Automobilindustrie, die Luft- und Raumfahrt sowie die Entwicklung von Software.

Ein Ansatz, die Anforderungen optimal zu definieren wird im "Systems-Engineering" verfolgt. Hierbei steht die Klärung der Kundenbedürfnisse im Vordergrund. Diese sollten zu Beginn des Projektes klar vorliegen. Auf

Grundlage der Bedürfnisse wird ermittelt, wie die Funktionalität ausgerichtet sein muss. Daraus ergeben sich die Anforderungen, die dokumentiert werden.

Wurden die Anforderungen klar definiert, muss überprüft werden, ob die gewählte Lösung auch die beste ist. Dazu werden einige Aspekte des Systems untersucht. Dies können die Kosten, der Zeitplan und die Leistungsfähigkeit sein.

Die Anforderungsdefinition beschreibt, dass die Anforderungen, die an ein zu entwickelndes System gestellt werden verbindlich formuliert werden.

Im Rahmen der Anforderungsdefinition müssen verschiedene Schritte durchgeführt werden. Zunächst müssen die Anforderungen ermittelt werden. Danach erfolgt die Analyse, das Verhandeln und Priorisieren. Im dritten Schritt werden die Anforderungen spezifiziert.

Die Schritte werden dabei häufiger wiederholt. So findet eine ständige Rückkopplung statt und die Anforderungen werden laufend analysiert. Nachdem die Anforderungen weit fortgeschritten und alle Seiten sich auf eine gemeinsame Definition der Anforderungen einigen konnten, wird dies in der Baseline festgehalten.

Als Übersicht für die Anforderungen des Kunden dient das Lastenheft. In diesem wird beschrieben, welche Forderungen der Auftraggeber an das Projekt stellt und welche Leistungen erbracht werden sollen.

Aufseiten des Projektteams existiert das Pflichtenheft. Das Pflichtenheft dient als Antwort an das Lastenheft. Dort werden die Anforderungen sehr detailliert beschrieben. Das Pflichtenheft enthält aber noch keine Lösungswege, welche aussagen, wie die Forderungen erfüllt werden. Die Lösungen ergeben sich im Projektverlauf. Das Pflichtenheft wird vom Auftraggeber und Auftragnehmer gemeinsam verhandelt. Es dient auch als verbindliches Dokument, welches Bestandteil des Vertrages zwischen Auftraggeber und Auftragnehmer ist.

Durch das Pflichtenheft kann also später überprüft werden, inwiefern die Anforderungen des Auftraggebers erfüllt wurden.

Der Nutzen der Anforderungen

Projekte, die die Anforderungen nicht genügend ausformulieren und diesen Schritt überspringen, stehen vor dem großen Risiko, nicht erfolgreich abgeschlossen zu werden. Dennoch wird bei großen und komplexen der Aufwand häufig gescheut, die Anforderungen zu definieren.

Einer der Hauptnutzen der genauen Formulierung der Anforderungen ist, dass die Ziele eines Projektes besser beschrieben werden. Bisher sind Ziele vor allem durch das Management und dem Auftraggeber vorgegeben. Indem konkrete Anforderungen beschrieben werden, findet in gewisser Weise eine Übersetzung auf fachlicher Ebene statt. Die Ziele werden so beschrieben, dass sich daraus Anforderungen ergeben, die von fachlicher Seite umgesetzt werden können.

Bei technischen Projekten sind die Anforderungen in der Regel klarer zu definieren. Wenn es zum Beispiel um die Entwicklung eines Fahrzeugs geht, dann gibt es einige

Kennzahlen, die das Fahrzeug beschreiben. Diese Kennzahlen können in Tests überprüft und ermittelt werden.

Geht es allerdings um Projekte, die nicht im technischen Bereich angesiedelt sind, wird es häufig vernachlässigt, diese Übersetzung der Ziele in konkrete Anforderungen zu leisten. Die Ziele stellen zwar die Erwartungshaltung des Auftraggebers dar. Diese sind allerdings wenig konkret und bieten unter Umständen einen großen Spielraum zur Interpretation. Dadurch kann es vorkommen, dass Projektleiter und Auftraggeber eine unterschiedliche Auffassung vertreten, ob ein Ziel verwirklicht wurde.

Werden die Ziele hingegen so umgeschrieben, dass diese nach objektiven Kriterien gemessen werden können, bieten diese Anforderungen eine Struktur für das Projekt. Ob die Anforderungen genau genug formuliert wurden, kann dadurch überprüft werden, ob die Projektbeteiligten die festgelegten Anforderungen gleich interpretieren. Sind diese so detailliert beschrieben, dass kein Interpretationsspielraum besteht, sind die Anforderungen auch für den Auftraggeber gut zu verstehen.

Weiterhin muss beachtet werden, dass im Laufe des Projektes viele verschiedene Abteilungen mit den Projektanforderungen in Berührung kommen. Diese Abteilungen verfügen über unterschiedliches Fachwissen. Daher ist es notwendig, dass die Anforderungen entweder gemäß dem Wissensstand umformuliert werden oder von Anfang so beschrieben werden, dass diese für alle Abteilungen gut verständlich sind.

Die allgemeinen Ziele an das Projekt können in drei Kategorien unterteilt werden.

Das Hauptziel beschreibt den langfristigen Nutzen des Projektes. Am Ende des Projekts kann beispielsweise ein Produkt stehen, dass vom Auftraggeber genutzt werden kann. Hierbei handelt es sich um das primäre Ziel des Projektes und weshalb es durchgeführt wird.

Etwas genauer kann danach das Projektergebnis definiert werden. Hier kann konkretisiert werden, wie das Produkt aussehen und welche Eigenschaften dieses erfüllen soll.

Als weitere Ziele werden die Rahmenbedingungen festgelegt, die beim Verwirklichen des Projektes eingehalten werden sollen. Dazu zählen vor allem der Zeitplan und das Budget, welches zur Verfügung gestellt wird.

Wichtig für die Abnahme und den Erfolg des Projektes ist vor allem der Produktstrukturplan oder der Produktbaum. Gerade bei technischen Projekten, bei dem die Entwicklung eines Produktes durchgeführt wird, ist solch eine grafische Darstellung hilfreich, um die Anforderungen zu visualisieren. Hierbei wird das Endprodukt in die einzelne Struktur zerlegt und festgehalten, aus welchen Komponenten es eigentlich besteht.

Die Strukturen der untersten Ebene können sich während des Projektverlaufes ändern und werden vom Entwicklungsprozess beeinflusst. In diesem Verlauf werden vor allem verschiedene Lösungsmöglichkeiten ausprobiert und analysiert, mit welchen Komponenten die Anforderungen an der oberen Ebene am besten erfüllt werden.

Wurden die bestmöglichen Komponenten ermittelt und der Produktbaum fertiggestellt, wird dieser in der Baseline festgehalten. Je nach Projekt können noch weitere Dokumente erstellt werden. Dazu gehört unter anderem die Betriebsanleitung, die für die Nutzung des technischen Produktes wesentlich ist.

Ist der Produktbaum fixiert, wurde die Grundlage für die weitere Entwicklung geschaffen. Diese Baseline kann vom Auftragnehmer und Auftraggeber verabschiedet werden. Dadurch wird eine gemeinsame Basis gelegt, die als Grundlage für das Projekt dient.

Änderungen an diesen Grundlagen werden nur durchgeführt, wenn diese einen Änderungsprozess durchlaufen. Die Änderungen müssen von allen Beteiligten genehmigt werden. Erst danach kann das Projekt nach der neuen Grundlage weiterverfolgt werden.

Ermittlung der Anforderungen

Bisher wurden Anforderungen zwar häufig genannt, es ist aber mitunter nicht ganz klar, welche Anforderungen an ein Projekt gestellt werden können und wie diese ermittelt werden.

Die Anforderungen ergeben sich aus den Zielen, die von den Stakeholdern festgelegt werden. Die Ziele beschreiben eine Erwartungshaltung des Auftraggebers.

Für die Stakeholder ist es wichtig, dass ein langfristiger Nutzen generiert wird. Um den langfristigen Nutzen zu erzielen, müssen umfangreiche Analysen durchgeführt werden. Diese beziehen sich vor allem auf die Kunden, die

Märkte und die Wettbewerber. Nachdem die Analysen abgeschlossen sind, muss erörtert werden, unter welchen Gesichtspunkten der langfristige Nutzen gesichert werden kann. Daraus ergeben sich die Ziele, die mit dem Projekt verfolgt werden.

In Abhängigkeit von den einzelnen Analysen, gibt es verschiedene Anforderungen, die vom Kunden, den Märkten und den Wettbewerbern gestellt werden.

An oberster Stelle steht der Nutzer, der funktionale Anforderungen an das Projektergebnis stellt. Gerade bei technischen Geräten ist es wichtig, dass analysiert wird, was der Nutzer erwartet und welche Leistung erbracht werden muss. Dies ist zum Beispiel auf dem Markt der Smartphones deutlich zu erkennen. Hierbei wird von den Marktführern jedes Jahr eine neue Generation vorgestellt, die mit neuen Funktionen die Nutzer überzeugen soll. Dieser trifft nun die Entscheidung, ob die neuen Funktionen ihn vom Kauf überzeugen. Erfüllt ein technisches Gerät die funktionellen Erwartungen nicht, wird dieses kaum Abnehmer finden und sich am Markt nicht durchsetzen können. Hierbei sollte auch darauf geschaut werden, welche Funktionen von den Produkten der Wettbewerber erbracht werden. Diese können als Grundlage für die eigene Entwicklung dienen.

Neben den funktionalen Anforderungen stellen die Kunden auch Anforderungen an die Qualität. Die Qualitätsanforderungen beschreiben, über welche Güte da gesamte System und seine Bestandteile verfügt. Die Qualitätsanforderungen des Projektes äußern sich zum Beispiel in der Art und Weise wie detailliert die Dokumentation durchgeführt werden muss.

Weitere Anforderungen werden an die Rahmenbedingungen gestellt. Diese geben vor, wie das Projekt verwirklicht wird. Die Rahmenbedingungen wiederum können in ganz unterschiedlichen Feldern eine Rolle spielen und das Projekt beeinflussen.

Technologische Rahmenbedingungen geben an, ob Patente angemeldet werden müssen oder ob Patentrechte von Wettbewerbern verletzt werden. Des Weiteren können auch Softwareumgebungen eine technische Rahmenbedingung festlegen.

Innerhalb der Organisation eines Projektes gibt es verschiedene Prozesse, die eingehalten werden müssen. Diese stellen ebenfalls Rahmenbedingungen auf und äußern sich zum Beispiel im Qualitätsmanagement.

Eine Rahmenbedingung mit sehr hohem Einfluss ist das Budget. Dieses stellt die wirtschaftlichen Rahmenbedingungen dar und beschreibt, wie viel finanzielle Ressourcen zur Verfügung stehen. Im Sinne der Wirtschaftlichkeit kann aber auch der Preis des Endproduktes definiert werden.

Umweltbedingungen werden heutzutage ebenfalls immer bedeutender und können eine große Einschränkung für das Projekt darstellen. Hier müssen die Anforderungen an die Rahmenbedingungen erörtert werden. Dazu kann zählen, welche Mengen an Schadstoffen während der Entwicklung ausgestoßen werden und welche Normen eingehalten werden müssen. In den Umweltbedingungen findet sich auch die Infrastruktur wieder, die für den Standort maßgeblich ist.

Funktionale Anforderungen sind nur sinnvoll, wenn auch die entsprechenden Qualitätsanforderungen definiert werden. Dazu kann der "Space Pen" als Beispiel herangezogen werden. Das Nutzen von herkömmlichen Stiften ist im Weltall aufgrund der Schwerelosigkeit nicht möglich. Daher wurde von amerikanischer Seite die Entwicklung eines speziellen Stiftes initiiert, welcher auch im Weltall funktioniere.

Im Gegensatz dazu wurde von der russischen Raumfahrtbehörde der Einsatz von Bleistiften genehmigt. Im ersten Moment mag der Bleistift als Ersatz für herkömmliche Stifte sinnvoll erscheinen. Erfüllt er doch die Anforderungen, dass das Schreiben in der Schwerelosigkeit ermöglicht wird.

In Verbindung mit den Qualitätsanforderungen wird allerdings klar, dass der Bleistift nicht die gewünschte einfache und sinnvolle Lösung ist. Denn die Spitze kann abbrechen und in der Schwerelosigkeit zu einem gefährlichen Gegenstand werden. Ebenso stellen das Holz und Grafit ein hohes Brandrisiko dar. Obwohl der Bleistift also die funktionalen Anforderungen erfüllt, wird in Verbindung mit den Qualitätsanforderungen deutlich, dass dieser nicht die langfristige Lösung sein kann.

Um die Anforderungen des Projektes zu ermitteln, sollten die Stakeholder befragt und Experten zurate gezogen werden. Die Befragungen sollten zwischen den Stakeholdern variieren und nicht nach dem gleichen Schema ablaufen. Auf diese Weise wird garantiert, dass verschiedene Einblicke ermöglicht werden. Die Befragungen können sowohl schriftlich, als auch über Interviews erfolgen.

Die Anforderungen sollten zudem aus den vorliegenden Dokumenten abgelesen werden. Der Projektauftrag, die Prozessbeschreibungen und weitere Dokumente liefern Hinweise dazu, welche Anforderungen letztlich zu erfüllen sind.

Ausgangslage der Anforderungsdefinition sind die Funktionen, die vom Nutzer erwartet werden. Diese werden aus der Perspektive des Nutzers aufgestellt. Dazu können Anwendungsfälle simuliert werden, um herauszufinden, welche funktionellen Anforderungen vom Nutzer erwartet werden. Befragungen und Studien mit möglichen Nutzern können mit diesem Ziel durchgeführt werden. Diese liefern wichtige Ideen, welche funktionalen Anforderungen an das Projektergebnis gestellt werden.

Weiterentwicklung der Anforderungen

Die ermittelten Anforderungen aus den Befragungen mit Kunden und Stakeholdern unterliegen noch keiner klaren Struktur. Sie werden eher im Sinne eines Brainstormings gesammelt und zusammengefasst. Damit keine Anforderungen vergessen oder missachtet werden, sollten diese zunächst vollumfänglich aufgenommen werden. Bei der Ermittlung findet also noch keine Filterung statt.

Erst nachdem die Aufnahme der Anforderungen abgeschlossen ist, wird eine Struktur in die Anforderungen gebracht. Diese müssen analysiert werden, um eine geordnete Struktur zu ermöglichen. Da die Anforderungen zu Beginn noch völlig wertfrei aufgenommen wurden und eine Filterung nicht vorlag, überschneiden die

Anforderungen sich oder es kann vorkommen, dass diese sich widersprechen.

Kommt es zu solchen Fällen, bei denen einzelne Anforderungen nicht miteinander vereinbar sind, müssen die Stakeholder Abwägungen treffen und sich auf bestimmte Anforderungen einigen. Dies kann durch einen langen und zähen Verhandlungsprozess begleitet werden.

Bei der Projektarbeit gilt der Auftraggeber als Kunde. Seine Zufriedenheit ist gleichzusetzen mit der Kundenzufriedenheit und diese sollte so gut es geht erfüllt werden. Um die Kundenzufriedenheit sicherzustellen, müssen seine Forderungen erfüllt werden. Indem seine gewünschten Produkt- oder Servicemerkmale im Projekt umgesetzt werden, wird dieser eine höhere Zufriedenheit erreichen.

Als Qualität wird die Erfüllung der Bedürfnisse des Kunden bezeichnet. Werden seine Forderungen umgesetzt, wird die hohe Qualität des Projektergebnisses bestätigt. Die Qualität ist allerdings nicht immer erkennbar. So gibt es objektiv messbare Kriterien, die vom Kunden definiert wurden und in jedem Fall erfüllt werden müssen. Es liegen aber auch Kriterien vor, die vom Kunden nicht unbedingt wahrgenommen wurden. Diese werden als verdeckte Bedürfnisse bezeichnet, welche im Ergebnis zwar auch relevant sind und positiv zur Qualität beitragen. Deren Nichterfüllung hat aber nicht unbedingt negative Auswirkungen, wenn dies vom Kunden ohnehin nicht festgestellt wird.

Bei der Analyse und dem Festschreiben der Anforderungen sind verschiedene Merkmale zu beachten.

Die Stakeholder sind nicht immer in der Lage, alle Anforderungen auch klar und deutlich zum Ausdruck zu bringen. Es gibt Voraussetzungen, die in jedem Fall erfüllt werden müssen, die für Stakeholder aber schon als selbstverständlich gelten. Dies bedeutet, dass diese selbstverständlichen Anforderungen nicht geäußert, aber dennoch umgesetzt werden müssen. Diese Basisanforderungen werden als Fundament des gesamten Projektes angesehen und die Erfüllung wird bereits als implizit vorausgesetzt, selbst wenn dies von den Stakeholdern nicht explizit geäußert wird.

Daneben gibt es Leistungsanforderungen. Diese werden von Stakeholdern bewusst gefordert und müssen erfüllt werden, damit diese zufrieden sind.

Begeisterungsanforderungen sind Merkmale, dessen sich die Stakeholder gar nicht bewusst sind. Werden diese aber im Projektergebnis offengelegt, sorgen diese für eine weitere Steigerung der Zufriedenheit.

Diese Einteilung der Anforderungen an das Projektergebnis geht auf Kano zurück. Deshalb wird diese Kategorisierung auch als Kano-Theorie bezeichnet. War die Kano-Theorie zunächst noch unbelegt, wurde diese durch die Praxis im Projektmanagement bestätigt und gilt als anerkannte Theorie, um den Beitrag zur Kundenzufriedenheit zu steuern.

Die drei Kategorien haben unterschiedliche Auswirkungen auf die Kundenzufriedenheit. Bei den Basisanforderungen gilt der Grundsatz, dass diese in jedem Fall erfüllt werden müssen. Diese gelten als selbstverständlich und ein hoher Erfüllungsgrad trägt nicht zur Kundenzufriedenheit bei. Werden diese aber nicht erfüllt, zeigt sich eine große Unzufriedenheit.

Das Erfüllen der Leistungsanforderungen sorgt für eine höhere Zufriedenheit. Werden die Anforderungen nicht erfüllt, schlägt sich dies in einer höheren Unzufriedenheit nieder.

Die Begeisterungsanforderungen können die Zufriedenheit steigern. Da diese vom Kunden aber nicht verlangt werden, hat die Nichterfüllung keine negativen Auswirkungen.

Um eine möglichst hohe Kundenzufriedenheit zu erreichen, müssen die Basis- und Leistungsanforderungen in jedem Fall erfüllt werden. Die Begeisterungsanforderungen gelten als Bonus und stellen gute Chancen dar, um die Zufriedenheit weiter zu steigern.

Eigenschaften, die bei der Definition der Anforderungen erfüllt sein müssen

Damit die Anforderungen sinnvoll im Projekt integriert und dokumentiert werden, müssen verschiedene Merkmale erfüllt werden. Nur auf diese Weise wirkt sich das Beschreiben der Anforderungen positiv auf die Kundenzufriedenheit aus und die Qualität des Projektergebnisses kann verbessert werden.

Die Anforderungen werden von groben Vorstellungen in feinere Ebenen unterteilt. Zuerst steht das Gesamtsystem, dass die allgemeinen Anforderungen an das Projekt vorgibt. Danach erfolgt die Unterteilung in immer feinere Ebenen und die Merkmale werden detaillierter beschrieben. Dabei sollte das Verfeinern so ablaufen, dass dieses verfolgbar bleibt. So können Rückschlüsse daraus gezogen werden, wie die Detailanforderungen zustande gekommen sind. Damit bleibt auch die Übersicht gewahrt, die klar anzeigt, woraus die einzelnen Merkmale abgeleitet wurden.

Diese Übersichtlichkeit ist insbesondere dann wichtig, wenn Änderungen durchgeführt werden sollen. Die Änderungen können sich nicht nur isoliert auf eine Anforderung auswirken, sondern die gesamte Kette beeinflussen, die mit dem Merkmal zusammenhängen.

Neben der Verfolgbarkeit gibt es noch weitere Merkmale, die bei der Erstellung der Anforderungen beachtet werden müssen.

Je nach Projekt kann der Gegenstand sehr komplex sein. Dies macht es erforderlich, dass die Anforderungen klar und deutlich formuliert werden. Durch eine präzise Formulierung besteht kein Interpretationsspielraum und für alle Abteilungen ist klar ersichtlich, wie die Anforderung realisiert werden muss. Nichtssagende Begriffe wie "benutzerfreundlich" sollten in diesem Zusammenhang vermieden werden. Diese geben keine Auskunft darüber, wie der Projektgegenstand tatsächlich gestaltet werden muss.

Durch die Messbarkeit der Anforderungen wird sichergestellt, dass diese stetig überprüft werden können. Durch die Überprüfbarkeit besteht ein besserer Überblick über den Projektfortschritt und es wird schneller erkannt, wenn von dem eigentlichen Ziel abgewichen wird.

Bei der Gestaltung der Anforderungen gibt es eine Vielzahl von Beteiligten. Diese haben alle Ihre eigene Meinung und möchten diese am liebsten durchsetzen. Dies kann dazu führen, dass Konflikte während dieses Prozesses auftreten. Am Ende ist es aber wichtig, dass Einigkeit herrscht und jede Partei den Anforderungskatalog akzeptiert. Diese werden dokumentiert und bestehen als schriftliche Vereinbarung unter allen Parteien.

Im Grundsatz basieren die Anforderungen auf dem angestrebten Nutzen des Projektes. Bei jeder detaillierter Ebene sollte klar ersichtlich sein, worauf diese beruht und wie diese zum Nutzen beiträgt. Der Business Case kann als Grundlage der Anforderungen herangezogen werden, da dort der Nutzen des Projektes festgeschrieben ist.

Das Festschreiben der Anforderungen wird von dem Systemarchitekten durchgeführt. Dieser wird von praktisch allen Abteilungen unterstützt und nimmt deren Ideen auf. Maßgeblich sind noch die Projektleitung, das Qualitätsmanagement und die Leiter der Fachabteilungen beteiligt.

Die Planungen bestätigen

Das gründliche und detaillierte Formulieren der Anforderungen ist ein kritischer Punkt, an dem viele Projekte im Nachhinein scheitern. Vorhergehend wurden bereits einige Eigenschaften beschrieben, die die Anforderungen beinhalten müssen. Ob die Eigenschaften tatsächlich eingehalten wurden, wird erst mit der Verifikation und der Validierung bestätigt. Im Anschluss an das Erstellen der Anforderungen müssen diese überprüft werden. So wird direkt festgestellt, ob diese fehlerhaft oder unpräzise sind. Daher sollte in jedem Fall die Überprüfung der korrekt formulierten Anforderungen stattfinden.

Bei der Überprüfung müssen die Begriffe der Verifikation und der Validierung voneinander unterschieden werden. Diese setzen auf unterschiedliche Sichtweisen.

Die Verifikation dient dazu, dass die angestrebten Aufgaben richtig erledigt werden. Anhand von Vorschriften kann überprüft werden, ob die Ergebnisse den Anforderungen entsprechen. Bei der Verifikation wird das Projekt aus der internen Perspektive betrachtet. Das Team legt Prüfschritte fest, anhand derer das Ergebnis überprüft wird.

Einen anderen Ansatz verfolgt die Validierung. Diese stellt sicher, dass die richtigen Aufgaben erledigt werden. Hierbei geht es vor allem darum, sicherzustellen, dass die Aufgaben direkte Auswirkungen auf den Nutzen haben. Nur wenn die Aufgaben für den angestrebten Nutzen sinnvoll sind, sollten diese bearbeitet werden. Es geht also darum, die Sicht der Stakeholder zu erörtern und eine Perspektive von außen wird eingenommen.

Mit dem Verifizieren und Validieren von Projekten werden wichtige Aufgaben der Qualitätssicherung übernommen.

Das Vorgehen im Projekt aus Sicht der Qualität sieht so aus, dass zunächst Projektziele definiert werden. Die Projektziele sind eher grob und noch nicht eindeutig. Sie entsprechen den Erwartungen, die die Stakeholder an das Projekt haben.

Danach werden die Projektziele zu Anforderungen formuliert. Diese sind dafür verantwortlich, dass der erwartete Nutzen tatsächlich erzielt wird. Die Anforderungen sind zudem messbar und es kann überprüft werden, ob diese erfüllt wurden.

Um sicherzustellen, dass die Aufgaben positive Auswirkungen auf den Nutzen haben, findet eine Überprüfung der Ergebnisse statt. Dies wird durch das Verifizieren und Validieren gewährleistet.

Diese Überprüfung ist am einfachsten bei technischen Projekten verständlich. Bei solchen Projekten sind in den meisten Fällen messbare Kriterien offensichtlich. Bei nicht-technischen Projekten darf die Überprüfung aber nicht vernachlässigt werden. Hierbei werden eher Begriffe wie Evaluation, Messung und Bewertungen verwendet.

Wichtig für das Projektergebnis und den finalen Nutzen ist nun, wie die Verifikation und Validierung durchgeführt wird. Hierfür gibt es verschiedene Modelle, die den Prozess der Überprüfung beschreiben. Am gebräuchlichsten ist das V-Modell. Diese erhält den Namen durch seine V-Form. An oberster Stelle stehen die Anforderungen, welche noch sehr breit aufgestellt und als Gesamtsystem wahrnehmbar sind. Danach verjüngen sich die Systeme in Teilsysteme und einzelne Komponenten.

Die Vorgehensweise beim Definieren der Anforderungen und der Überprüfung ist entgegengesetzt. Während die Definitionen von der oberen Ebene nach unten verfeinert werden, findet die Überprüfung ausgehend von der detailliertesten Ebene statt.

In der Planungsphase werden die Anforderungen von den Verantwortlichen auf der obersten Ebene beschrieben. Schrittweise werden diese danach detaillierter beschrieben. Während der Durchführung des Projektes werden die einzelnen Komponenten überprüft. Dabei wird geprüft, ob diese den Anforderungen entsprechen. Die Komponenten werden zu Teilsystemen zusammengesetzt und es findet wiederum eine Überprüfung des Teilsystems statt. Am Ende werden alle Teilsysteme zu einem Gesamtsystem vereint. Es findet ein finaler Test statt, bei der das Projektergebnis überprüft wird.

Der Verifikationsprozess und dessen Ergebnisse können in einer Matrix festgehalten werden. Die Matrix wird so aufgebaut, dass die Übersicht den Ebenen des Projektes entspricht. Oben steht also das Gesamtsystem und dieses wird Zeile für Zeile in seine feineren Ebenen unterteilt. In jeder Zeile stehen die Anforderungen und die Verifikationsmethode.

Bei den Verifikationsmethoden stehen dem Projekt verschiedene Möglichkeiten offen. Es können theoretische oder praktische Methoden angewandt werden.

Theoretische Methoden basieren darauf, dass Pläne und Beschreibungen überprüft werden. Es können zum Beispiel ähnliche Ergebnisse als Hinweis hinzugezogen werden, um festzustellen, dass die vorgesehene Lösung zum gewünschten Ergebnis führt.

Die praktischen Methoden sind deutlich einfacher zu veranschaulichen. Hierbei werden die Ergebnisse der Projektarbeiten überprüft. Es finden Tests und Inspektionen statt. In Prüflaboren können die Ergebnisse festgehalten werden. Die Ergebnisse geben eine einfache Möglichkeit zur Überprüfung, ob die Erwartungen erfüllt wurden.

Der Aufwand der praktischen Methoden ist in der Regel höher. Es fallen hohe Kosten für das Einrichten der Prüflabore oder der Testanlagen an. Zudem muss geeignetes Personal zur Verfügung stehen, um die Tests durchzuführen.

Während des Projektes können von Stakeholdern Änderungen am Projektergebnis erwünscht sein. Es wurde bereits beschrieben, dass dies Auswirkungen auf die Anforderungen hat und ein Änderungsprozess notwendig ist. Die Änderungen haben nicht nur Auswirkungen auf die Anforderungen, sondern beeinflussen auch die Verifikationsmatrix. Der Systemarchitekt muss sicherstellen, dass die Verifikationsmethoden an die entsprechenden Änderungen angepasst werden.

Die Verifikation wird auf jeder Ebene angewandt. Diese arbeitet sich von den feinsten Komponenten zum Gesamtsystem vor. So wird auf jeder Ebene überprüft, ob die Arbeit den Qualitätskriterien entspricht. Bei der Validierung ist die Vorgehensweise eine andere.

Bei der Validierung wird überprüft, ob das Projektergebnis gemäß den Anforderungen der Stakeholder funktioniert. Einzelkomponenten können in diesem Zusammenhang nicht betrachtet werden. Diese sind für die Stakeholder unwesentlich. Wichtig ist für diese nur, dass am Ende das Gesamtsystem den Anforderungen entspricht. Daher findet die Validierung nur für das Gesamtsystem statt, nicht aber für die Komponenten.

Im Prozess der Validierung sind die Stakeholder eingebunden. Je nach Komplexität und Art des Projektergebnisses kann das Gesamtsystem in einer Simulation dargestellt werden. Dort kann das Ergebnis bereits überprüft werden und die Stakeholder können erkennen, ob das Gesamtsystem den erhofften Nutzen bringt. Ist eine Simulation möglich, wird diese bereits in der Konzeptphase durchgeführt. Innerhalb der Simulation können auch verschiedene Szenarien angewandt werden.

Ist eine Simulation nicht möglich, kann die Validierung erst am Ende des Projektes stattfinden. Die Validierung findet dann am tatsächlichen Projektergebnis statt.

Die Aufgaben des Verifizierens und Validieren sind eng mit den Anforderungen verbunden. Entsprechende Anforderungen werden vom Systemarchitekten definiert und dokumentiert. Durch die enge Verbindung dieser beiden Aufgabengebiete ist der Systemarchitekt auch für das Verifizieren und Validieren zuständig. Diese Aufgaben finden in der Planungsphase statt. So werden die Anforderungen gemeinsam mit den Verifikationsmethoden in einer Matrix dargestellt.

Unterstützung erhält der Systemarchitekt wiederum vom Projektleiter, dem Qualitätsmanager und den verbundenen Fachabteilungen. In der Planungsphase sollten die Überprüfungsmethoden so festgelegt werden, dass Fehler frühzeitig aufgedeckt werden. Auf diese Weise wird vermieden, dass die Fehler sich bis in das Gesamtsystem fortsetzen.

Gleichzeitig müssen auch die Kosten im Blick behalten werden. Der Aufwand für die Tests sollte so niedrig wie möglich sein, aber gleichzeitig verlässliche Ergebnisse liefern. Bei der Validierung kann zudem die Unterstützung von externen Experten nützlich sein.

Am Anfang des Projektes steht die Idee und Vision der Stakeholder. Diese erwarten ein Ergebnis, welches einen Nutzen für sie erbringt. Anhand der Ideen lässt sich aber nicht klar feststellen, welche Aufgaben tatsächlich zu erfüllen sind. Damit die Vision in die Tat umgesetzt werden kann, müssen Anforderungen definiert werden. Die Anforderungen stellen einen Leitfaden an das Projekt und welche Ziele erreicht werden sollen.

Die Anforderungen müssen so gestaltet sein, dass diese durch objektive Kriterien überprüfbar sind. Viele Projekte scheitern daran, dass der Aufwand gescheut wird, die Idee so umzuformulieren, dass daraus geeignete Anforderungen werden.

Wichtig sind hierbei eindeutige Formulierungen, die keinen Interpretationsspielraum zulassen. Die Anforderungen sollen von allen Beteiligten eindeutig verstanden werden. Es ist Aufgabe des Systemarchitekten, die Anforderungen so zu erstellen, dass diese dem Nutzen des Projektes förderlich sind.

Nachdem die Anforderungen von allen Parteien abgesegnet wurden, müssen die Ergebnisse verifiziert und validiert werden. Es geht also darum, dass einerseits die Aufgaben richtig bearbeitet und andererseits, die richtigen Aufgaben gestellt werden.

Auf diese Weise wird sichergestellt, dass die Erwartungen der Stakeholder erfüllt werden und eine hohe Kundenzufriedenheit erreicht wird. Gerade bei komplexen Projekten bestünde andernfalls die Gefahr, dass das Projekt vom eigentlichen Weg abweicht und die Vision nicht erfüllt wird.

Methoden des Projektmanagements

Die Funktionen der verschiedenen Methoden

Das Projektmanagement befasst sich mit der Planung, Steuerung, Kontrolle und dem Abschluss von Projekten. Jedes Projekt ist einmalig und basiert auf einem Ziel, welches erreicht werden soll. Die Ziele können sehr vielfältig und in den verschiedensten Gebieten vertreten sein.

Das Projekt soll mit gegebenen finanziellen Mitteln zu einem vorgegebenen Termin fertiggestellt werden. Um diese Ziele zu erreichen, gibt es verschiedene Methoden, die sich etabliert haben.

Zwar ist jedes Projekt einzigartig, dennoch gibt es einige Methoden, die sich als Standard herausgestellt haben. Je nach Projektart müssen die Methoden ausgewählt werden. Welche Vorgehensweise für das eigene Projekt am besten ist, hängt unter anderem von der Projektphase, der Projektgröße und der Branche ab. Darüber hinaus gibt es noch unzählige anderer Parameter, die die Entscheidung beeinflussen. Letztlich bleibt es die Entscheidung des Projektmanagers, sich für eine Methode oder einer Kombination der Techniken zu entscheiden.

Die beliebtesten Methoden werden in diesem Kapitel vorgestellt.

Der Projektstrukturplan

Für das Erfüllen des Projektes muss das Ziel in einzelne Aufgaben zerlegt werden. Die Aufgaben werden von den Teams bearbeitet und am Ende sollte das festgelegte Ziel erfolgreich verwirklicht werden.

Der Projektstrukturplan fokussiert sich vor allem auf die Aufgaben, die im Projekt bearbeitet werden müssen. Dabei besteht das Projekt aus mehreren Ebenen an Aufgaben, die erledigt werden müssen.

Wesentliches Objekt des Projektstrukturplans sind Arbeitspakete. Die Arbeitspakete enthalten sowohl die Aufgaben, als auch weitere Eigenschaften, die für das Erledigen der Aufgaben relevant sind. Dazu gehören die Verantwortlichkeiten und die benötigten Ressourcen. Weitere Pläne, wie der Termin- und Ablaufplan oder die Kostenplanung bauen auf den Informationen der Arbeitspakete auf.

Der Projektstrukturplan ist hierarchisch angeordnet. Es werden die Aufgaben aufgelistet, die für das Erreichen der Projektziele umgesetzt werden müssen. Dabei ist es notwendig, dass die übergeordneten Ebenen von den unteren Ebenen vollumfänglich beschrieben werden.

Das kleinste Element im Projektstrukturplan ist das Arbeitspaket. Bei diesem Plan ist vor allem die

Untergliederung ein wichtiger Bestandteil. Dadurch wird die Projektplanung- und Steuerung unterstützt. Durch das Aufteilen aller Arbeiten in untere Ebenen wird eine klare Übersicht über das Projekt geschaffen.

Die kleinste Ebene des Projektstrukturplans ist das Arbeitspaket. Dieses beschreibt eine Aufgabenstellung des Projektes. Es wird festgehalten, bis wann die Aufgabe erledigt sein muss, wie das Ergebnis aussieht und welcher Aufwand für das Erledigen der Aufgabe erwartet wird. Da das Arbeitspaket nicht weiter aufgegliedert werden kann, stellt dies die kleinste Ebene dieser Methode dar. Das Arbeitspaket kann aber auf allen Ebenen zum Einsatz kommen und dort die Aufgaben beschreiben. Wichtig ist, dass eine Arbeitspaketbeschreibung vorhanden ist.

In welcher Weise der Projektstrukturplan dargestellt wird, kann vom Projektmanager entschieden werden. Es bieten sich sowohl grafische, als auch Lösungen in Listenform an. Für eine bessere Zuordnung und dem Beschreiben der einzelnen Ebenen kann eine Kodierung eingesetzt werden. Aus dieser wird die Reihenfolge der Abläufe ersichtlich und auf welcher Ebene diese stattfinden. Welche Informationen die Kodierung enthalten soll, kann vom Projektmanager festgelegt werden.

Der Projektstrukturplan stellt ein komplettes Modell des Projektes dar. Es kann das gesamte Projekt mit seinen anfallenden Aufgaben von Anfang bis Ende darstellen. Es wird also aufgezeigt, welche Aufgaben erledigt werden müssen, um das Projekt erfolgreich abzuschließen. Dabei sind folgende Informationen im Projektstrukturplan enthalten.

Er bildet ein vollständiges Abbild der Aufgaben, die im Projekt anfallen. Es werden die Liefergegenstände festgehalten, die vom Kunden erwartet werden und es werden alle Aufgaben analysiert. Dabei wird vor allem Wert darauf gelegt, dass der Projektstrukturplan vollumfänglich gestaltet wird.

Für jede einzelne Aufgabe wird festgehalten, welche Person als Verantwortlicher auftritt. Diese können sowohl intern als auch extern bestehen. In diesem Sinne müssen auch Lieferanten berücksichtigt werden, die an einer Aufgabe maßgeblich beteiligt sind. Die Verantwortlichkeiten können in einer Matrix gebündelt werden.

Wesentlich zum Erfüllen der Aufgaben sind auch die Kosten und der Aufwand, der entsteht. Innerhalb der Arbeitspakete wird beschrieben, welche Ressourcen notwendig sind, um die Aufgaben zu erfüllen. Es werden sowohl die Kosten ermittelt, als auch die Arbeitsmittel beschrieben, die zum Erfüllen der Aufgabe benötigt werden. Durch die Gesamtheit der Arbeitspakete und deren Kosten kann die gesamte Kostenstruktur des Projektes abgebildet werden.

Der Projektstrukturplan dient zudem als Basis für viele weitere Pläne. Dadurch können die Arbeiten besser koordiniert werden und die Planung wird vorangetrieben. Zudem ist es möglich, den Fortschritt zu bewerten.

Für die Teammitglieder kann dieser Plan hilfreich sein, um eine Orientierung zu schaffen. Sie können sehen, an welchen Arbeitspaketen sie aktiv mitarbeiten und welche Auswirkungen dies im Projekt hat. Dadurch wird die Identifikation gesteigert und die Motivation der einzelnen Mitarbeiter ist höher.

Der Projektstrukturplan stellt das Projekt als komplettes Modell dar. Um das Projekt bereits im Vorfeld komplett durchzuplanen und abbilden zu können, sind einige Informationen einzuholen und Aufgaben durchzuführen.

Im ersten Schritt müssen alle Aufgaben gesammelt werden. Wie muss das Projekt erledigt werden und wie sieht der Fortschritt aus? Als Hinweise können die Lieferobjekte genutzt werden, die zu bestimmten Zeitpunkten fertiggestellt werden sollen.

Nachdem alle Aufgaben identifiziert wurden, müssen diese genauer beschrieben werden. Es werden jetzt die Arbeitspakete gestaltet, die neben den zu erledigenden Aufgaben alle weiteren notwendigen Informationen enthalten. Die Arbeitspakete müssen in eine strukturierte Form gebracht werden, um im Sinne des Modells nutzbar zu sein.

Wurden die Arbeitspakete erfasst und strukturiert, müssen die Prozesse, welche durch die Arbeitspakete beschrieben werden, in das Projekt integriert werden. Beim Beschreiben der Arbeitspakete und der nachfolgenden Strukturierung sind noch hohe Unsicherheiten vorhanden. Daher muss der gesamte Plan mehrfach geprüft und gegebenenfalls überarbeitet werden. Erst wenn der Plan seine endgültige Form angenommen hat, erfolgt die Arbeitspaketbeschreibung.

Der Projektstrukturplan bildet die Grundlage für die weiteren Arbeiten im Projekt. An der Erstellung werden neben dem Projektmanager auch die Auftraggeber und Stakeholder einbezogen. Die Projektleitung erstellt auf Grundlage der identifizierten Aufgaben den Projektstrukturplan. Dieser Plan muss sowohl vom

Auftraggeber, als auch von den Projektteams genehmigt werden.

Der Plan ist das Ergebnis vieler Überarbeitungen und Durchläufe. Bei der Erstellung findet eine sehr intensive Auseinandersetzung mit dem gesamten Projekt statt. Wurde der Plan angefertigt, dient dieser als Baseline für den weiteren Projektverlauf.

Nicht immer ist es jedoch möglich, dass die Aufgaben der zukünftigen Phasen bei der Erstellung des Planes in vollem Umfang berücksichtigt werden können. In diesen Fällen müssen die Arbeitspakete erst zu späteren Zeitpunkten ausformuliert werden. Dadurch erhöht sich allerdings die Planungsunsicherheit, welches berücksichtigt werden sollte.

Es wird empfohlen, dass der Projektstrukturplan als Methode bei jedem Projekt zum Einsatz kommt. Er stellt eine sehr ausführliche Methodik dar, um das Projekt komplett abzubilden. Im Gegensatz dazu bilden die meisten anderen Methoden nur Teilgebiete des Projektes ab.

Die Netzplantechnik

Laut DIN-Definition ist die Netzplantechnik ein Instrument zur Planung und Steuerung von Projekten. Auf grafischer Weise zeigt der Netzplan die logischen und zeitlichen Abfolgen von Teilvorgängen.

Wie der Name schon sagt, handelt es sich bei dieser Abbildung um ein gesamtes Netz. Es werden die Arbeitsabfolgen als Linien dargestellt, wenn diese nacheinander erledigt werden müssen. Gleichzeitig werden aber auch die Verzweigungen festgehalten. Ein Projekt und dessen Aufgaben verlaufen selten komplett geradlinig. Mit der Beendigung einer Aufgabe können mehrere andere

Aufgaben beginnen oder diese werden von dem Ergebnis beeinflusst.

Im Projektstrukturplan wurde bereits verdeutlicht, dass zum Erreichen der Ziele bestimmte Aufgaben erledigt werden müssen. Im Netzplan werden diese Abläufe etwas konkreter dargestellt. Es wird detaillierter gezeigt, welche Ressourcen benötigt werden und wie der Zeitablauf des Projektes aussieht.

Mit dem Netzplan sind einige Vorteile verbunden. Die Ausarbeitung des Netzplanes macht es erforderlich, dass bereits im Vorfeld eine genaue Auseinandersetzung mit dem Projekt erfolgt.

Einen besonderen Vorteil ergibt sich durch die Struktur, dass zeitliche Engpässe und kritische Pfade offengelegt werden. Dadurch können sehr detailliert die zeitlichen Auswirkungen von Verzügen im Projekt nachvollzogen werden. Durch die Verbindungen der Abläufe werden die Abhängigkeiten genau aufgezeigt und es wird offensichtlich, welche Abläufe durch Störungen beeinflusst werden.

Daher ist eine der Hauptanwendungsgebiete des Netzplanes in der Terminplanung zu finden. Durch die genaue Terminplanung können Kosten gespart werden. Die Abläufe können zudem so optimiert werden, dass das Projekt mit höherer Wahrscheinlichkeit zum festgelegten Termin abgeschlossen wird.

Der Netzplan ist eine grafische Darstellung. Diese ist für die Mitarbeiter auf den ersten Blick nachvollziehbar und bietet ähnlich wie der Projektstrukturplan eine Orientierung. Je nach Ausgestaltung des Projektstrukturplans kann dieser jedoch sehr komplex und nicht wirklich intuitiv sein.

Finden Änderungen an den Abläufen statt, können diese im Netzplan sehr flexibel angepasst werden.

Der Netzplan kann praktisch bei jedem Projekt zum Einsatz kommen. Egal ob es sich um die Entwicklung von technischen Geräten handelt oder Bauvorhaben gesteuert werden.

Das Erstellen des Netzplanes erfolgt in einfachen Schritten. Als Grundlage ist es hilfreich, wenn bereits ein Projektstrukturplan erstellt wurde. Anhand dieses Plans wurden bereits alle Abläufe und Arbeiten ermittelt, die notwendig sind um das Projekt zum Abschluss zu bringen.

Im Vergleich zum Projektstrukturplan wird im folgenden Schritt die besondere Charakteristik des Netzplanes deutlich. Nun werden die Abhängigkeiten der einzelnen Abläufe aufgezeigt.

Wurden alle Verbindungen eingezeichnet, findet die Ablaufplanung statt. Es muss geplant werden, welche Abläufe zu welchem Zeitpunkt durchgeführt werden.

Eng damit verbunden ist auch der letzte Schritt, welches die Zeitplanung ist. Hier wird die Dauer eines jeden Ablaufes beschrieben.

Der Hauptvorteil gegenüber dem Projektstrukturplan ist, dass die Knoten die Zeitabläufe besser darstellen. Selten kommt es vor, dass Arbeiten genau die Zeit in Anspruch nehmen, die vorher eingeplant wurde. Ergeben sich Verzögerungen, kann sich dies auf das gesamte Projekt auswirken.

Im Netzplan werden an den einzelnen Knoten die Pufferzeiten deutlich. Dadurch ergibt sich für jeden Knoten ein frühester und spätester Anfangs- und Endzeitpunkt.

Bestehen zwischen bestimmten Abläufen keine Puffer, werden diese als kritischer Weg bezeichnet. Eine Verzögerung dieser Abläufe hätte eine direkte Verzögerung des gesamten Projektes zur Folge.

Die Abläufe, des kritischen Weges muss eine höhere Priorität zukommen, um den Zeitablauf des gesamten Projektes nicht zu verzögern. Liegen höhere Puffer bei bestimmten Abläufen vor, können diese mit einer geringeren Priorität betrachtet werden, wobei hier natürlich auch eine gewisse Grenze eingehalten werden muss.

Die Darstellung des Netzplanes kann nach den eigenen Anforderungen variieren. Der klassische Netzplan besteht aus Knoten, die mit Pfeilen verbunden werden. Die Knoten bestehen aus Feldern, die mit verschiedenen Informationen über die Zeitplanung oder der Bezeichnung der Abläufe ausgefüllt sind.

In Anlehnung an die Knoten, besteht auch die Möglichkeit ein Balkendiagramm zu erstellen. Dieser Balkenplan wird auch als "Gantt-Chart" bezeichnet und findet bei der Erstellung der Abläufe ebenfalls eine breite Anwendung. So lassen sich die Zeitabläufe des Netzplanes, sehr einfach auf Kalendertage übertragen.

Am Ende entsteht eine Grafik, bei der sofort ersichtlich ist, welche Abläufe an welchen Kalendertagen idealerweise durchgeführt werden sollten. Der Vorteil dieser Methode ist, dass diese Informationen sehr einfach den Mitgliedern zur Verfügung gestellt werden können. Hierzu können die Kalender der üblichen Office-Software genutzt und mit den Abläufen belegt werden.

Mit dem Gantt-Chart wird eine Zeitachse erstellt, auf der die Abläufe ersichtlich sind. Auf dieser Zeitachse wird nicht nur die Dauer eines Arbeitsablaufes sofort ersichtlich, sondern auch, welche Abläufe parallel geschehen. Der Balkenplan stellt aber kein Ersatz des Netzplanes dar, sondern ist lediglich eine ergänzende Darstellung. Der kritische Pfad wird auf dieser Darstellung nicht sofort ersichtlich und muss durch andere Abgrenzungen veranschaulicht werden. Dies kann zum Beispiel dadurch geschehen, dass die Balken unterschiedliche Farben erhalten.

Der Netzplan ist vor allem deshalb eine weit verbreitete Methode im Projektmanagement, weil es zahlreiche Vorlagen in Softwarelösungen gibt. Diese müssen nur noch ausgefüllt werden. Wurde der Projektstrukturplan erstellt, ergibt sich aus diesem der Netzplan fast von alleine.

Meilensteintrendanalyse

Einen besonderen Fokus auf den Zeitplan und die Termine im Projekt legt die Meilensteintrendanalyse. Mit dieser kann überprüft werden, wie der aktuelle Fortschritt im Projekt ist und ob dieser hinter den Erwartungen liegt. Der Zeitplan gehört neben den Kosten eines Projektes zu den Hauptkriterien für die Fertigstellung.

Die Termine im Detail können mit der Netzplantechnik vorher sehr ausführlich geplant werden. Die Meilensteintrendanalyse eröffnet an gewissen Punkten des Projektes eine sehr einfache Möglichkeit zur Überprüfung des Zeitablaufes.

Um diese Art der Analyse durchführen zu können, müssen im Projekt die Meilensteine definiert werden. Dabei handelt es sich um wichtige Zeitpunkte im Projekt, an denen festgelegte Ergebnisse erreicht worden sein sollen. Meilensteine können auch dazu dienen, das gesamte Projekt zu überprüfen. Dabei kann es sinnvoll sein zu prüfen, ob das Projekt überhaupt noch weitergeführt werden soll.

Wurden die Termine für Meilensteine verpasst und diese galten als kritisch für das Projekt, kann die Entscheidung zugunsten des Abbruchs des Projektes fallen. So kann verhindert werden, dass weitere Ressourcen in ein Projekt fließen, welches selbst beim erfolgreichen Abschluss keinen Nutzen mehr generieren kann.

Mithilfe der Meilensteintrendanalyse kann überprüft werden, ob die Termine eingehalten werden. An bestimmten Zeitpunkten im Projekt finden dazu Überprüfungen statt.

Die Meilensteintrendanalyse wird in der Regel grafisch dargestellt. Hierzu wird ein zweidimensionales Diagramm mit zwei Achsen genutzt. Auf einer Achse wird der festgelegte Meilensteintermin eingetragen und auf der anderen Achse der tatsächliche Berichtstermin.

Dieses Diagramm kann in bestimmten Zeitabständen aktualisiert werden. Dadurch wird direkt ersichtlich, ob die Meilensteine den Terminvorgaben entsprechen oder hinterherhinken. Anhand der Graphen kann ein Trend erkannt werden, der beschreibt, ob ein möglicher Zeitverlust in der letzten Zeit aufgeholt werden konnte oder der Verzug sich sogar noch vergrößert.

Im Vergleich zu den Methoden des Projektstrukturplans ist die Meilensteintrendanalyse mit relativ wenig Aufwand durchführbar.

Als Erstes müssen die Meilensteine ermittelt werden. Diese sollten bereits im Projektstrukturplan vorhanden sein. Daher müssen diese nur noch in die Struktur der Meilensteintrendanalyse gebracht werden.

Das Ziel der Meilensteintrendanalyse ist die Überprüfung, ob Verzögerungen im Projektplan vorliegen. Daher muss definiert werden, wie häufig die Messpunkte der Analyse sind. Eine tägliche Analyse würde in den meisten Fällen mit einem zu hohen Aufwand einhergehen und kaum einen Nutzen bieten. Sinnvoll ist es, wenn alle 14 Tage oder einmal im Monat eine Überprüfung stattfindet. Die Gesamtdauer des Projektes kann beeinflussen, wie viele Überprüfungspunkte gewählt werden.

Nachdem die Vorbereitungen abgeschlossen und die Meilensteine terminiert wurden. Findet die eigentliche Überprüfung im Projektverlauf statt. An den vorher festgelegten Terminen wird nun gefragt, zu welchem Zeitpunkt aus der aktuellen Sicht des Teams der Meilenstein abgeschlossen wird. Dies erfordert, dass zugegeben wird, wenn es Verzögerungen im Projekt gibt und die Fertigstellung des Meilensteins sich möglicherweise verschieben wird. Anhand der Aussagen und Prognosen zum Fertigstellungstermin wird das Diagramm erstellt.

Nach Fertigstellung des Diagramms können aus den Trends Rückschlüsse gezogen werden. Sind die Meilensteine im Verzug, können geeignete Maßnahmen getroffen werden, um die Termine wieder in die richtigen Bahnen zu lenken. Dafür ist allerdings der Projektmanager verantwortlich und die Meilensteintrendanalyse bietet zu diesen Maßnahmen keine weiteren Informationen.

Um die geeigneten Maßnahmen zu treffen, müssen die Ursachen für die Verzögerungen gefunden werden. Häufige Gründe für die Verzögerung sind zum Beispiel der Ausfall von Ressourcen, eine komplexere Umsetzung als erwartet oder Lieferengpässe von Lieferanten.

Mit den durchgeführten Maßnahmen werden die Ursachen bekämpft, sodass die Termine der Meilensteine sich wieder positiv entwickeln. Somit ist die Meilensteintrendanalyse eine hilfreiche und schnell durchgeführte Visualisierungsmöglichkeit für das gesamte Projekt.

Lean Project Management

Projekte werden immer komplexer und nicht nur die finanziellen Aufwendungen werden größer, sondern auch die Anzahl der beteiligten Personen. Bei größeren Projekten fällt es schwer, die Übersicht zu behalten und die gesetzten Ziele tatsächlich zu erreichen.

Der Wunsch nach einem effizienten Projektmanagement, bei gleichzeitig höherer Effizienz ist daher verständlich. Das Lean Project Management beschreibt eine Vielzahl von Methoden, mit denen das Projekt verschlankt werden soll. Die Prozesse lassen sich auf diese Weise einfacher optimieren und das Projekt kann wieder besser gesteuert werden.

Die Ursprünge des Lean Project Managements liegen bei dem Automobilhersteller Toyota. Dieser hat das Prinzip bereits bei seinen Produktionsprozessen verinnerlicht. Die Anwendungsregeln dieser Methode beziehen sich auf alle Bereiche und Ebenen des Projektes. Es betrifft unter anderem die Führung, Steuerung, Kommunikation und Fehlerwahrnehmung im Projekt.

Höchste Priorität hat wie bei den meisten Projekten der erreichte Nutzen für den Kunden. Das Produkt, welches das Ergebnis des Projektes ist, soll diesen hohen Nutzen bereitstellen. Während aller Projektphasen soll der Kundennutzen immer das oberste Ziel darstellen.

Das Lean Project Management ist zudem sehr flexibel. Während der gesamten Durchführung sollen die Prozesse optimiert werden. Das Projekt wird also laufend angepasst und nicht starr nach der Erstellung des Projektes durchgeführt.

Ob die Implementierung des Lean Project Managements einen großen Nutzen für das Projekt bietet, kommt vor allem darauf an, um welchen Projekttyp es geht und wie mit diesem bereits umgegangen wurde. Ist der Nutzen des Projektergebnisses offensichtlich und das Projekt bereits so abgestimmt, dass der Nutzen im Vordergrund steht, bietet das Lean Project Management kaum noch Raum für Verbesserungen. Beim Brückenbau ist die Anwendung dieser Methode kaum von Vorteil, da hier der Nutzen offensichtlich ist und nicht kommuniziert werden muss.

Besser geeignet ist das Prinzip bei Projekten, die mit Innovationen einhergehen. Bei der Entwicklung von neuartigen Lösungen können die klassischen Projektmanagement Ansätze schnell an ihre Grenze stoßen. Das Lean Project Management hingegen bietet ein völlig neues Grundverständnis.

Für die Umsetzung dieser Methode gibt es fünf Prinzipien, die angewandt werden.

An erster Stelle steht der Kundennutzen. Das Projekt und das Ergebnis müssen zu jeder Phase so gesteuert werden, dass die Bedürfnisse des Kunden als oberstes Ziel bestehen. Durch die Abstimmung sämtlicher Prozesse auf den Kundennutzen wird dieser Wert maximiert und das Projekt weist eine höhere Qualität auf.

Neben dem Kundennutzen muss der Wertstrom identifiziert werden. Als Wertstrom werden alle Aktivitäten bezeichnet, die für die Herstellung des Produktes oder der Dienstleistung notwendig sind. Wenn andere Methoden wie der Projektstrukturplan oder die Netzplantechnik durchgeführt wurden, lässt sich der Wertstrom schnell identifizieren. Die Arbeitspakete stellen hierbei die Aktivitäten dar. Im Lean Project Management müssen also alle erforderlichen Prozesse betrachtet werden. Es sollten aber nicht zu viel Informationen anfallen, da diese das Projekt wieder zu komplex gestalten würden.

Nachdem alle Prozesse identifiziert wurden, um das Projekt zum Abschluss zu bringen, muss der gesamte Wertstrom optimiert werden. Bei den klassischen Projektmanagement Methoden werden meist einzelne Prozesse optimiert und darauf gehofft, dass diese den Gesamtprozess positiv beeinflussen. Schnittstellen werden allerdings vernachlässigt und die Zusammenarbeit stellt sich nicht gerade als fruchtbar heraus. Um dieses zu kompensieren werden viele Meetings und Abstimmungen durchgeführt.

Bei der Optimierung der Prozesse muss im Sinne des Lean Project Managements das gesamte Projekt optimiert werden. Es kommt nicht nur auf die einzelnen Abschnitte an, sondern wie diese im Zusammenhang stehen und als Gesamtes verbessert werden können. Hierzu müssen vor allem die Engpässe betrachtet werden, die zu Störungen im Projektablauf führen können. Methoden, um diese Optimierungen durchzuführen werden im SCRUM oder SCRUM Master gefunden. Dieses Vorgehen ist vor allem in der Softwareentwicklung weit verbreitet.

Bei der Betrachtung der Kosten hat die Auslastung der Maschinen einen großen Einfluss. Bei den klassischen Methoden wird zuerst darauf geachtet, was vom Kunden gefordert wird. Diese Forderungen werden umgesetzt und die Produktion dementsprechend angepasst. Dadurch entsteht eine relativ schlechte Maschinenauslastung, da diese laufend den Bedürfnissen angepasst werden müssen. Dies wird auch als Push-Prinzip bezeichnet. Der Kunde gibt die Produktion praktisch von "oben herab" vor und setzt seine Bedürfnisse durch.

Effizienter ist es, wenn aber die Produktion so abgestimmt wird, dass diese kontinuierlich fließen kann und eine möglichst hohe Auslastung erreicht wird. Die Produktion wird so umgestellt, dass verfügbare freie Kapazitäten zur Erfüllung des Projektes genutzt werden. Anstatt ein großes Los auf einmal zu produzieren, wird eine kontinuierliche Produktion gewährleistet.

Das letzte Prinzip beruht auf dem Streben nach Perfektion. Es wird angenommen, dass die höchste Qualität dann erreicht wird, wenn die Prozesse perfekt ablaufen und den Wünschen des Kunden entsprochen wird. Im Sinne des Lean Project Management muss die Perfektion nicht erreicht, aber angestrebt werden. Um der Perfektion möglichst nahezukommen, kann der kontinuierliche Verbesserungsprozess eingesetzt werden. Verschwendungen können vermieden und die Ressourcen besser eingesetzt werden.

Der kontinuierliche Verbesserungsprozess ist eines der zentralen Elemente im Lean Project Management. In klassischen Projekten wird dieser häufig nicht angewandt, weil der Zeitaufwand zu hoch wäre. Soll ein Projekt aber möglichst flexibel und effizient durchgeführt werden, ist der Einsatz des kontinuierlichen Verbesserungsprozesses notwendig.

Ein weiterer Vorteil besteht darin, dass anhand dieses Verbesserungsprozesses schon wichtige Erfahrungen gewonnen werden. Während bei anderen Projekten solch eine Reflexion erst zum Abschluss stattfindet, ist der Erfahrungsgewinn beim Lean Project Management durchgehend wahrzunehmen. Andere Projekte können von diesen Erfahrungen profitieren und die Gesamtabläufe im Unternehmen optimiert werden.

Das Lean Project Management eignet sich also besonders gut in einem innovativen Umfeld, bei dem Prototypen entwickelt und produziert werden. Aber auch andere moderne Projekttypen profitieren von dieser Herangehensweise.

Die Scrum-Methode

In modernen Arbeitsumgebungen ist die Anwendung von traditionellen Methoden im Projektmanagement nicht immer zielführend. Sie sind nicht dafür ausgelegt, um flexibel auf neue Arbeitssituationen zu reagieren. Die Scrum-Methode ist dagegen auf eine maximale Flexibilität ausgerichtet. Sie kommt mit relativ wenigen Regeln aus und setzt vor allem auf die selbstständige Teamarbeit.

Der Begriff des Scrum kommt aus dem Rugby. Dort beschreibt der Scrum ein Gedränge, welches als Spielfortsetzung ausgeführt wird. Innerhalb des Gedränges verschmelzen die Spieler zu einer Einheit, um gemeinsam den Ball und somit den Vorteil zu erhalten.

Die gleiche Zielsetzung findet auch im Projektmanagement statt. Anfang der 1980er Jahre wurde das Scrum als Methode im Projektmanagement eingeführt. Wirklich durchgesetzt hat sich diese Vorgehensweise allerdings erst

Mitte der 1990er Jahre. Vor allem in der Softwareentwicklung wird diese Methode verfolgt.

Scrum stellt hierbei den Rahmen fest, in welchem die Teammitglieder die Aufgaben verfolgen. In der Softwareentwicklung arbeiten Mitglieder aus den verschiedensten Bereichen zusammen, um ein fertiges Produkt zu erschaffen. Die Scrum-Methode beruft sich auf vier Aktivitäten, drei Rollen und drei Artefakten.

Der gesamte Prozess im Scrum wird als Sprint bezeichnet. Ein Sprint kann eine Dauer zwischen zwei und vier Wochen haben. Im ersten Schritt wird der Sprint geplant. Es wird festgelegt, welche Aufgaben durchzuführen sind. Danach wird beschrieben, wie die Aufgaben erfüllt werden können.

Jeden Tag findet ein Daily Scrum statt. Hier trifft sich das gesamte Team und bespricht den aktuellen Aufgabenstand. Es wird ein Überblick über die aktuelle Situation dargelegt.

Am Ende des Sprints soll ein fertiges Produkt stehen, dass für den Auftraggeber einen Nutzen darstellt. Häufig ist das Ergebnis aber nur ein kleiner Teil des gesamten Projektes. Der Auftraggeber gibt vor, welche Überarbeitungen notwendig sind. Die Sprints werden solange wiederholt, bis das Projektergebnis den Auftraggeber zufriedenstellt.

An der Scrum-Methode sind drei Akteure beteiligt. Der Auftraggeber oder der Vertreter der Stakeholder wird als Product Owner bezeichnet. Er gibt regelmäßig Feedback zu den Leistungen und nach seinen Aussagen richtet sich das Team und die eigentliche Arbeit.

Das Team ist für die Erfüllung der Aufgaben zuständig. Anders als bei klassischen Projektmanagementmethoden gibt es keinen Projektleiter. Daher findet zum größten Teil eine Selbstorganisation statt. Bei der Softwareentwicklung besteht das Team unter anderem aus den Software-Architekten, den Programmierern und den Testern. Das Team sollte eine maximale Größe von neun Teammitgliedern nicht überschreiten.

Einen Projektleiter gibt es zwar nicht. Der Scrum Master ist aber für die Einhaltung der Scrum-Regeln zuständig. Er stellt sicher, dass die Mindestanforderungen der Organisation erfüllt werden. Er dient zudem als Ansprechpartner und repräsentiert das Team nach außen.

Bei den drei Artefakten handelt es sich im Grunde nur um drei Dokumente. Diese dienen der Transparenz der Arbeit, gegenüber dem Product Owner.

Das "Product Backlog" beschreibt eine Liste mit Anforderungen. Diese Anforderungen sollen durch die Arbeit des Teams erfüllt werden. Die Liste wird vom Product Owner geführt und ständig erweitert.

Das Team entscheidet, welche Anforderungen aus dem Product Backlog im nächsten Sprint umgesetzt werden. Jedes Teammitglied übernimmt hierbei eine Aufgabe und versucht eine Anforderung umzusetzen.

Am Ende des Sprints steht das "Product Increment". Es handelt sich um ein Zwischenprodukt, welches bereits einen praktischen Nutzen für den Product Owner bietet. Das fertige Endprodukt wird aus diesen Teilen gebildet.

Der Vorteil dieser Methode ist, dass der Product Owner direkt Einfluss auf das Projekt nimmt und dieses ständig an seine Bedürfnisse anpassen kann. Eine umfangreiche

Dokumentation entfällt. Aus diesem Grund ist diese Methode in Branchen nicht anwendbar, für die die ausführliche Dokumentation eine Grundlage des Projekterfolges darstellt. Technisch komplexe Projekte können daher mit der Scrum-Methode nicht verfolgt werden.

Kanban

Eine weitere Projektmethode, die eigentlich aus dem Fertigungsumfeld stammt und jetzt häufiger in der Softwareentwicklung eingesetzt wird, ist das Kanban. Ursprünglich wurde das Kanban bei Toyota eingesetzt, um die "Just-in-Time" Produktion zu gewährleisten. Anstatt die Produkte so zu produzieren, dass diese einen hohen Lageraufwand haben, wurde die Produktion so umgestellt, dass die Lagerungszeit der Produkte minimiert wurde. Im perfekten Fall wird praktisch vom Fertigungsfließband direkt an den Kunden geliefert.

Das Kanban ist daher eng mit dem bereits vorgestellten Lean Project Management verbunden. Mit dem Kanban-System kann das Pull-System umgesetzt werden, mit der die Produktion effizienter gestaltet wird.

Die Bezeichnung stammt aus dem Japanischen und beruht auf der damaligen Vorgehensweise. Kanban bedeutet Schild und bei der Umsetzung des Pull-Systems wurden Schilder entlang der Produktionskette gereicht, um die Ressourcen und Maschinen zu steuern. Mithilfe der Schilder wurde direkt erkannt, wo Engpässe entstehen und welche Aktivitäten als nächstes durchgeführt werden müssen, um diese Engstellen zu überwinden.

Kanban wurde bereits in den 1940er Jahren bei Toyota eingesetzt. Die Grundprinzipien, die zur damaligen Zeit ausformuliert wurden, bestehen noch heute.

Unterschieden werden in der Produktion die Bereitsteller und Anforderer. Diese werden gemäß der Produktionsrichtung zugeordnet. Beim Kanban gibt der nachgelagerte Produktionsschritt seine Informationen an den vorhergehenden Produktionsprozess weiter. Hierzu gibt er in der Regel die Materialanforderungen weiter. Die Grundregeln werden wie folgt beschrieben.

Es darf nicht mehr Material angefordert werden, als tatsächlich benötigt wird. Dadurch wird eine Überproduktion verhindert. Gleichzeitig wird sichergestellt, dass nicht mehr Material im Umlauf ist, als durch die Kanban-Karten angefordert wurde.

Das Material darf nicht frühzeitig angefordert werden. Die Produktion ist sehr eng miteinander verzahnt und es wird flexibel auf die neuen Materialanforderungen reagiert. Würde Material nun zu früh angefordert werden, würde dies nicht direkt in der Produktion Verwendung finden, sondern zunächst gelagert werden müssen. Damit entsteht unnötig gebundenes Material, welches vermieden werden soll.

Gleichzeitig darf die bereitstellende Maschine nicht zu viel produzieren. Dies würde zu einem Vorrat führen, welcher dringlich verhindert wird. Zudem würde die Produktionskapazität nicht optimal ausgenutzt werden und dringende Anforderungen werden unter Umständen erst verspätet beantwortet.

Während der Produktion muss auf höchste Qualität geachtet werden. Da immer nur so viel Teile produziert werden, wie benötigt wird, müssen die bereitgestellten Materialien einwandfrei sein. Stellt sich bei der Produktion heraus, dass manche gelieferten Teile nicht in Ordnung sind, stellt dies ein großes Hindernis für die Produktion dar.

Damit diese Art der Produktion funktioniert, wird ein eigener Kanban-Koordinator eingesetzt. Dieser hat den Überblick über alle Produktionsstellen. Im Idealfall sollten diese gleichmäßig ausgelastet sein, sodass die Lagerbestände minimiert werden. Stellt der Koordinator ein Ungleichgewicht fest, muss dieses ausgeglichen werden.

Der Einsatz von physischen Karten wird vom Koordinator ebenfalls überwacht. So wird verhindert, dass zu viel Karten im Umlauf sind und diese die Übersichtlichkeit negativ beeinflussen.

Diese Grundregeln wurden noch in den 1940er Jahren definiert, als Toyota diese für die Automobilproduktion umgesetzt hat. Heutzutage müssen die Grundregeln an die moderne Zeit angepasst werden.

Kanban findet vor allem in der Softwareentwicklung zahlreiche Anwender. Die physischen Karten wurden durch digitale Kanban-Boards ersetzt. Auf diesen Boards lässt sich ablesen, welche Aufgaben angefordert wurden und wie weit der Fortschritt ist. Es können zusätzliche Informationen vermittelt werden, zum Beispiel wer gerade mit welcher Aktivität beschäftigt ist.

Die Lösung der digitalen Kanban-Boards ist vor allem für moderne Unternehmen hilfreich, die Remote-Mitarbeiter einsetzen. Sowohl Startups, als auch internationale Großkonzerne sind nicht mehr an einen Standort gebunden, sondern häufig in weiten Teilen der Welt verstreut. Das Kanban-System gibt diesen Mitarbeitern eine gute Übersicht darüber, welche Aufgaben erledigt werden müssen und wie der aktuelle Projektfortschritt ist.

Daher ist eines der wichtigsten Prinzipien in der modernen Arbeitsumgebung, dass der Workflow visualisiert wird. Hierzu kann wieder der Projektstrukturplan als Grundlage dienen. Aus dessen Aufgaben werden die einzelnen Kanban-Karten erstellt, die ein Arbeitselement repräsentieren. Die Karten werden dann je nach Bearbeitungszustand in drei verschiedene Kategorien unterteilt. Die Arbeiten können entweder angefordert, in der Bearbeitung oder fertiggestellt sein.

Damit das Kanban-System in modernen Umgebungen besser abläuft, muss die Anzahl der gleichzeitig ablaufenden Prozesse begrenzt werden. Dadurch wird verhindert, dass zwischen den Prozessen laufend hin und her geschaltet werden muss. Dies sorgt für einen besseren Workflow und die Mitarbeiter werden nicht laufend aus dem aktuellen Prozess herausgerissen.

Das Kanban-System ist eine sehr gute Möglichkeit, um die Arbeit internationaler Teams zu überwachen und die Kapazitäten optimal zu verteilen. Durch das Pull-Prinzip werden nur die Aufgaben erledigt, die tatsächlich benötigt werden. Zwar gibt es bei der Softwareentwicklung keine "Überproduktion" im eigentlichen Sinne und Lagerbestände fallen auch keine an. Es kann aber des Öfteren vorkommen, dass Aufgaben erledigt werden, die in keinem großen Zusammenhang mit der Erfüllung der Gesamtaufgabe stehen. Durch das Pull-Prinzip werden diese Aufgaben klar abgegrenzt.

Die hier vorgestellten Methoden bieten eine kurze Übersicht zu den Arbeitsweisen in Projekten. Der Projektstrukturplan sollte in jedem ordentlichen Projekt eingesetzt werden, um den Überblick zu behalten. Danach kann je nach Komplexität, Priorität und Projekttyp frei gewählt werden, welche Methoden eingesetzt werden sollen. Eine Kombination der Methoden ist je nach Implementierung möglich, teilweise widersprechen diese sich aber auch. Die Meilensteintrendanalyse ist als Ergänzung zum Netzplan sehr gut einsetzbar. Der Netzplan und das Kanban-System widersprechen sich in den Grundprinzipien allerdings deutlich. Beim Netzplan werden die Aktivitäten bereits vorher genauestens festgelegt, während diese beim Kanban flexibel nach dem Pull-Prinzip ablaufen.

Klar ist, dass bei jeder Methode der Nutzen des Kunden im Vordergrund steht und dieser Nutzen mit möglichst geringem Ressourcenaufwand umgesetzt werden soll. Eine Verbesserung der Prozesse sollte daher in jedem Projekt angestrebt werden. Die Methoden geben dafür grobe Richtlinien vor, können je nach Projekt aber natürlich angepasst werden.

Risiken im Projekt

Was wird durch das Risiko beschrieben?

Im Leben wie im Unternehmen oder Projekt, gilt häufig die Devise, dass nur wer wagt, der auch gewinnen kann. Ein wahrer Erfolg wird nur dann eintreten, wenn auch ein gewisses Risiko in Kauf genommen wird. Ohne Risiko, wäre ein großer Erfolg in vielen Fällen nicht möglich. Doch was genau wird unter dem Risiko verstanden und wie spiegelt sich dieses im Projekt wider?

Ein Projekt ist eine Aufgabe, die für einen langen Zeitraum geplant und umgesetzt wird. Zu Beginn des Projektes werden Ziele gesetzt, die erreicht werden sollen. Gerade am Anfang ist aber noch ungewiss, welche zukünftigen Ereignisse eintreten können.

Im besten Fall verläuft alles so wie geplant oder sogar noch besser. Im Rahmen des Risikos werden diese unterschiedlichen Ereignisse beschrieben. Häufig wird unter dem Risiko ein negatives Ereignis verstanden.

Im Projektmanagement werden durch das Risiko aber sowohl positive, als auch negative Abweichungen vom eigentlichen Vorgehen beschrieben. Das Risiko muss also nicht negativ behaftet sein. Wird eine Aufgabe schneller bewältigt, als geplant, muss dies im Risikomanagement ebenfalls überprüft werden.

Die Auswirkungen des Risikos sind zunächst noch unklar. Negative Ereignisse gehen häufig mit einer Verzögerung der Termine einher. Im schlimmsten Fall können diese aber auch dafür sorgen, dass da Projekt nicht erfolgreich umgesetzt werden kann.

Positive Ereignisse können sich ebenfalls auf verschiedene Weisen ausdrücken. Wird eine Aufgabe schneller erledigt, kann das Projekt möglicherweise beschleunigt werden. Werden allerdings physische Komponenten hergestellt, können durch die schnellere Fertigstellung höhere Lagerkosten anfallen.

Sowohl positive, als auch negative Ereignisse müssen zu Beginn der Projektplanung auf Ihre Auswirkungen und Eintrittswahrscheinlichkeiten untersucht werden. So können im Vorfeld schon geeignete Maßnahmen geplant werden, um mit den Risiken umzugehen.

Das Risikomanagement beschäftigt sich mit der Analyse und Bekämpfung von Gefahren, die durch das Risiko auftreten. Die Gefahren sollen möglichst klein gehalten werden, sodass das Projekt als Gesamtes so wenig wie möglich beeinträchtigt wird. Das Risikomanagement ist von der Bildung der Rückstellungen im Zusammenhang mit dem Risiko zu unterscheiden. Hierbei handelt es sich um den Risikozuschlag.

Das Risikomanagement versucht nicht nur die möglichen Ereignisse zu untersuchen, sondern kann auch Einfluss darauf nehmen, wie hoch deren Eintrittswahrscheinlichkeit ist. Als weiteres Ziel dieser Tätigkeit kann daher die Erhöhung der Eintrittswahrscheinlichkeit von positiven Ereignissen gezählt werden.

Für das Risikomanagement verantwortlich ist der "Risk Owner". Dieser wird auch als Risikoverantwortlicher gesehen. Er ist für die Überwachung des Risikos im fortlaufenden Projekt zuständig. Um die Gefahr durch negative Ereignisse zu minimieren, kann der Risikoverantwortliche geeignete Gegenmaßnahmen ergreifen.

Das Risiko wird durch verschiedene Eigenschaften beschrieben.

Durch das Risiko wird eine Gefahr beschrieben, dass ein Projektziel nicht erreicht wird. Dies stimmt mit der allgemeinen Definition und dem üblichen Gebrauch des Begriffes überein.

Die Gefahr und dessen Auswirkungen treten in der Zukunft ein. Es muss also ein Blick in die Zukunft geworfen werden, um die möglichen Auswirkungen zu erörtern.

Es ist nicht eindeutig, ob das Ereignis tatsächlich eintritt. Um dieses zu beschreiben, wird eine Eintrittswahrscheinlichkeit festgelegt. Diese beruht auf verschiedenen Erfahrungen und Analysen. Die Eintrittswahrscheinlichkeit kann nicht mit genauer Sicherheit vorhergesagt, sondern nur abgeschätzt werden.

Gleichzeitig ist nicht sicher, wie sich das Eintreten des Ereignisses genau auf den Projektverlauf auswirken wird. Es besteht hier ebenfalls nur die Möglichkeit, die Auswirkungen abzuschätzen. Eine Sicherheit gibt es auch in diesem Fall nicht.

Das Risiko stellt für ein Projekt noch keine ursächliche Gefahr dar. Es beschreibt lediglich Ereignisse, die in der Zukunft eintreten können. Die Ereignisse müssen den Projektverlauf nicht gefährden, beeinflussen diesen aber in den meisten Fällen.

Es liegt am Risikomanagement, mit den Risiken umzugehen und durch geeignete Maßnahmen, die Auswirkungen zu minimieren.

Arten von Risiken

Risiken können zu verschiedenen Zeitpunkten einen Einfluss auf den Erfolg des Projektes nehmen. Ausgehend von den Zeitpunkten können analog zum Produktlebenszyklus die Risiken in verschiedenen Kategorien beschrieben werden.

Grob geht es hierbei um Projektrisiken, Produktrisiken und Geschäftsrisiken. Diese beziehen sich sowohl auf den Projektverlauf, als auch auf die Zeit nach dem Projekt.

Treten die Risiken während des Projektes auf oder haben diese deutliche Auswirkungen, handelt es sich um

Projektrisiken. Diese stellen eine Gefahr dar und können dazu führen, dass die vereinbarten Ziele nicht erreicht werden.

Produktrisiken beschäftigen sich mit den Risiken, die durch das Produkt entstehen. Am Ende des Projektes tritt als Ergebnis ein Produkt auf. Die Nutzung des Produktes kann mit verschiedenen Gefahren verbunden sein. Hauptsächlich geht es um Sicherheitsaspekte und Haftungsrisiken.

Eine Gefahr für Automobilhersteller ist zum Beispiel, dass das gerade neu entwickelte Fahrzeug zurückgerufen werden muss. Ursache hierfür können Gefahren sein, die im Projekt noch nicht erkannt und erst in der Praxis offengelegt wurden. Gerade bei technischen Produkten entstehen solche Risiken, weshalb diese in solchen Projekttypen eine wichtige Rolle einnehmen. Während der Entwicklung des Produktes müssen Vorsorgemaßnahmen getroffen werden, um diese Risiken zu minimieren. Verantwortlich hierfür ist das Risikomanagement.

Gleichzeitig sind die Aufgaben der Produkthaftung eng mit der Qualität und dem Anforderungsmanagement verbunden. So kann es dazu kommen, dass das Produkt nicht den Erwartungen des Kunden entspricht.

Ob das Projekt einen tatsächlichen Nutzen bietet und für den Auftraggeber von Vorteil ist, ist zu Beginn des Projektes nicht unbedingt ersichtlich. Wenn es um die Neuentwicklung eines kommerziellen Produktes geht, besteht das Risiko, dass dieses von den Konsumenten nicht so gut, wie erwartet aufgenommen wird.

Treten solche Geschäftsrisiken auf, ist das gesamte Projekt in Gefahr und dieses muss infrage gestellt werden. Denn das Hauptziel eines jeden Projektes ist die Nutzengenerierung.

Die Geschäftsrisiken sind vom Management nur sehr schwer beeinflussbar. Treten diese ein, gibt es kaum geeignete Gegenmaßnahme, um diese Risiken nachhaltig zu verändern. Diese Art der Risiken können im Business Case berücksichtigt werden. Hier können verschiedene Szenarien durchgespielt werden, um zu erfahren, ob unerwartete Auswirkungen einen drastischen Einfluss auf das Projekt haben.

Verantwortlich für den Umgang mit den Geschäftsrisiken sind vor allem der Projektsponsor und der Auftraggeber. Diese müssen abschätzen, ob es unter den neuen Gesichtspunkten noch sinnvoll ist, dass Projekt weiterzuverfolgen. Der Projektmanager ist bei dieser Entscheidung höchstens beratend tätig. Durch die umfangreichen Erkenntnisse und Einblicke der Projektleitung spielen diese bei der Entscheidung dennoch eine gewichtige Rolle.

Werden Geschäftsrisiken erkennbar, können diese dazu führen, dass die Ziele des Projektes geändert werden. Die Auftraggeber müssen sich entscheiden, ob Sie anderweitig einen Nutzen aus dem Projekt ziehen können.

Die einzelnen Risiken sind eng miteinander verbunden. Auch wenn es sich um drei unterschiedliche Kategorien handelt, haben diese untereinander einen Einfluss. Verschiebt sich das Projekt und der Terminplan kann nicht eingehalten werden, wird dies zunächst als Projektrisiko wahrgenommen. Besteht aber die Gefahr, dass die Markteinführung zu spät durchgeführt wird und ein Konkurrent eher am Markt eintritt, dann wird aus dem Projektrisiko ein Geschäftsrisiko.

Erwachsen aus dem Projektrisiko Terminschwierigkeiten kann dies gleichzeitig auch zu Produktrisiken führen. Um die Termine einzuhalten werden Aufgaben parallel durchgeführt und die Qualität kann unter diesem gesteigerten Tempo leiden.

Das Risiko kann im Projektmanagement also sehr vielfältig vertreten sein und nicht unmittelbar in den Projektverlauf eingreifen. Es ist wichtig, dass auch die Zeit nach dem Projekt betrachtet wird und die Risiken dort ebenfalls schon dem Projekt zugerechnet werden.

Das Risikomanagement

Das Risikomanagement ist mittlerweile Bestandteil der meisten Unternehmen. Diese sind sich den Gefahren bewusst und möchten früh Gegenmaßnahmen einleiten, um die Gefahren abzufedern. Seit 1998 gibt es zudem das Gesetz zur Kontrolle und Transparenz im Unternehmensbereich, dass die Entwicklung hin zum Risikomanagement begünstigt hat.

Durch dieses Gesetz wird eine umfangreichere Haftung des Vorstandes, Aufsichtsrates und Wirtschaftsprüfern eingeführt. Große Unternehmen müssen sich den möglichen Risiken bewusst sein und diese im Lagebericht veröffentlichen. Sie sind dazu verpflichtet, die Risiken zu erkennen und so früh es geht zu minimieren. Unternehmen, die dem Aktienrecht unterliegen werden also von rechtlicher Seite Auflagen erteilt, weshalb Sie das Risikomanagement in jedem Fall umsetzen müssen.

Das Risikomanagement trifft vor allem Maßnahmen zur Vorsorge. Damit wird verhindert, dass die Risiken sich zu ernsthaften Problemen entwickeln. Ähnlich verläuft auch die Arbeit des Risikomanagements in Projekten. Die Aufgabe liegt hierin, dass der Erfolg des Projektes nicht behindert wird. Da diese neuartig sind, liegen kaum Erfahrungswerte vor.

Bei Unternehmen des Aktienrechts werden die Risiken im Lagebericht veröffentlicht. In Projekten gibt es die Verpflichtung eines Lageberichtes nicht. Wird ein umfangreiches Risikomanagement durchgeführt, finden sich die identifizierten Risiken im Risikoregister wieder. Dort werden diese dokumentiert und das Register dient als Grundlage für die durchzuführenden Maßnahmen.

Risiken basieren auf zwei wesentlichen Unsicherheitsfaktoren. Sie lassen sich entweder im Projektumfeld oder bei den Stakeholdern finden. Bei Projekten ist es hilfreich, wenn die Risiken als "wenn-dann" Aussagen formuliert werden.

Es sollte schon im Vorfeld die Frage aufgeworfen werden, wie mit einem bestimmten Ereignis umgegangen wird. Ein Problem bei dieser Arbeit ist das Identifizieren von möglichen Risiken. Da es sich hierbei um eine zukunftsbezogene Abschätzung handelt, muss eine Prognose über das gesamte Projekt durchgeführt werden. Hierbei steht im Mittelpunkt, welche potenzielle Risiken überhaupt auftreten können.

Ein einzelnes Projekt kann noch über keine eigenen Erfahrungen verfügen. Dies heißt aber nicht, dass keinerlei Erfahrungen für das derzeitige Projekt herangezogen werden können.

Erfahrungen aus anderen Projekten können helfen, die Risiken zu identifizieren und abzuschätzen. Wurden bereits Projekte im Unternehmen durchgeführt, können Abschlussprotokolle analysiert werden. Eventuell wurde auch eine Checkliste angelegt, die die Arbeit an zukünftigen Projekten erleichtern kann.

Nicht nur die Erfahrungen aus dem eigenen Unternehmen oder dem Umfeld können genutzt werden. Es gibt einige Daten, die öffentlich zur Verfügung gestellt werden und für das Projekt ebenfalls eine wichtige Unterstützung darstellen können. Daten von Instituten können zum Beispiel in das eigene Projekt integriert werden. Je nach Projekttyp können Unfallstatistiken hilfreich sein oder es wird die Ausfallwahrscheinlichkeit bestimmter technischer Komponenten betrachtet.

Neben diesen Gruppen verfügen auch einzelne Personen über einen großen Erfahrungsschatz. Experten in bestimmten Fachgebieten können hinzugezogen und befragt werden. Deren Einschätzung zu potenziellen Risiken können aufgenommen und selber analysiert werden.

Gleichzeitig kann auch die Befragung der Stakeholder wichtige Einblicke in die möglichen Risiken gewähren. Diese haben vielleicht einzigartige Erfahrungswerte, die von Experten noch nicht benannt wurden.

Für die Identifizierung von Risiken gibt es keine einheitliche Vorgehensweise und es kann einiges an Kreativität abverlangt werden. Schließlich sollen mögliche Szenarien durchgespielt und erörtert werden.

Risiken können aber auch direkt aus der Dokumentation des Projektes abgeleitet werden. Welche Bereiche besonders anfällig im Sinne des Risikomanagements sind, lässt sich aus dem Projektumfeld und den Stakeholdern ableiten. Gibt es besonders viele Lieferantenbeziehungen oder gibt es einige Gruppen, die dem Projekt negativ gegenüberstehen, lassen sich diese Merkmale als Risiko beschreiben.

Der Projektstrukturplan dient zur Identifizierung von Risiken ebenfalls als Grundlage. Die Arbeitspakete beschreiben die einzelnen Abläufe im Detail. Aus dieser Arbeit können unterschiedliche Szenarien kreiert werden. So kann abgeleitet werden, welche Einflüsse auf die Arbeitspakete bestehen und wie eine Verzögerung sich auf das gesamte Projekt auswirken würde.

Im Projekt liegen verschiedene Themenfelder vor, die mit ihren ganz eigenen Risiken für Probleme im Projekt sorgen können.

Wird ein technologisch anspruchsvolles Projekt durchgeführt, bei dem innovative Technologie zum Einsatz kommt, gibt es das Risiko, dass Anforderungen noch nicht klar ausformuliert wurden. Möglicherweise erfüllt die Technologie nicht die Ziele, die eigentlich verfolgt werden sollten.

Werden die Verträge zwischen den Parteien betrachtet, gibt es einige Haftungsrisiken, die vorhanden sind. So werden einige Risiken dem Projekt zugeschrieben und wenn es nach dem Projekt Probleme mit dem erstellten Produkt gibt, kann die Projektleitung dafür verantwortlich gemacht werden.

Der Mensch ist einer der grundlegenden Faktoren jedes Projektes. Damit einher, gehen aber auch Risiken die auf die sozialen Verhältnisse zurückzuführen sind. Es kann zu Streitigkeiten innerhalb des Teams kommen und der Fortschritt wird deutlich beeinflusst.

Ein Risiko besteht zudem darin, wenn der Projektleiter oder andere Verantwortliche über einen geringen Erfahrungsschatz verfügen. Fachliche Kenntnisse zu besitzen ist nur ein Faktor für den Projektleiter. Gerade bei komplexen Projekten ist eine umfangreiche Erfahrung unersetzlich.

Um die Teamleistung zu verbessern und Risiken aufgrund der Unstimmigkeiten untereinander zu vermeiden, sollten alle Mitglieder als gleichberechtigt wahrgenommen werden. Zwar gibt es Teammitglieder, die bereits länger in Projekten arbeiten und über mehr Erfahrung verfügen, diese sollten aber nicht als dominierende Kraft gegenüber den unerfahrenen Mitgliedern auftreten. Bei der Teamarbeit steht vor allem die Teamleistung im Vordergrund und nicht das Expertentum.

Die Identifizierung der Risiken ist also eine bedeutende Arbeit. Diese wird von den möglichen "wenn-dann" Szenarien gefolgt. Dort wird beschrieben, in welche Bereiche die Risiken sich am stärksten abzeichnen. Werden durch die Risiken etwa die Kosten, Termine oder die Leistungen am stärksten gefährdet? Durch das Ausformulieren und Gestalten der einzelnen Szenarien sollen Abschätzungen zu den Auswirkungen getroffen werden.

Bewertung von Risiken

Mit dem Identifizieren der Risiken wurde ein Teilbereich abgeschlossen. Nun muss die Bewertung der Risiken vorgenommen werden und welchen Einfluss diese auf das Projekt nehmen können. Anhand der Bewertungen kann abgeschätzt werden, welche Maßnahmen tatsächlich ergriffen werden sollen.

Auch das Risikomanagement muss sich an die Grundregeln der Wirtschaftlichkeit halten. Dies bedeutet, dass nicht alle Maßnahmen in die Tat umgesetzt werden, sondern nur solche, die einen vertretbaren Aufwand im Vergleich zu den Gefahren haben.

Die Maßnahmen werden in der Regel nur für solche Risiken umgesetzt, die die größten Gefahren darstellen. Ob Maßnahmen zwingend sind, wird durch die Risikobewertung analysiert.

Die Einschätzung der Gefahr der Risiken auf den Projektverlauf wird durch die Teammitglieder durchgeführt. Diese sind am vertrautesten mit den Projektaufgaben und können am ehesten abschätzen, wie hoch der Einfluss der Gefahren ist. Die Risiken werden in regelmäßigen Zeitabständen neu bewertet. Durch den Projektverlauf ergeben sich neue Erkenntnisse, hinsichtlich der Eintrittswahrscheinlichkeit und der Ausmaße der Gefahren.

Ein Risiko muss nicht durchgehen im Projekt neu bewertet werden. Es kann auch vorkommen, dass ein Risiko mit einem bestimmten Eintrittsdatum verbunden ist. Ist dieses bis zu diesem Zeitpunkt noch nicht eingetreten und ein Arbeitspaket erfolgreich abgeschlossen, gilt das Risiko als überwunden. Eine erneute Bewertung muss dann nicht mehr stattfinden.

Fand die Bewertung der Risiken statt, werden diese in unterschiedliche Kategorien eingeordnet. Aus der Kategorie ergibt sich die Priorität, mit welcher das Risiko behandelt werden muss und ob Maßnahmen umgesetzt werden.

Werden hohe Gefahren in Verbindung mit einer relativ hohen Eintrittswahrscheinlichkeit wahrgenommen, zählen diese zu den Top-Risiken. Die Top-Risiken stellen die größte Gefahr dar. Um diese zu mindern, müssen in jedem Fall Maßnahmen getroffen werden.

Unter den Top-Risiken werden die gemäßigten Risiken angesiedelt. Für diese Risiken sind noch keine Maßnahmen zwingend erforderlich. Es wird aber angeraten, dass Vorsorgen getroffen werden, sodass im Falle des Eintritts Maßnahmen ergriffen werden können.

Auf dem niedrigsten Niveau werden Risiken festgehalten, die noch mit keinen Vorsorgemaßnahmen verbunden sind. Dennoch müssen diese weiterhin beobachtet werden. Entwickeln diese sich zu gemäßigten Risiken, ist es sinnvoll, wenn Vorsorgemaßnahmen ergriffen werden.

Bei der Einteilung der Risiken gibt es verschiedene Faktoren, die beachtet werden. Im Mittelpunkt stehen die Eintrittswahrscheinlichkeit und die Auswirkungen, die das Risiko auf das Projekt nehmen kann. Im Zuge der Bewertung müssen also verschiedene Fragen beantwortet werden.

Wie hoch ist die Wahrscheinlichkeit, dass das Risiko eintritt? Kann zudem abgesehen werden, wie sich diese Wahrscheinlichkeit im Projektverlauf ändert? Die Eintrittswahrscheinlichkeit kann sowohl höher, als auch niedriger werden. Es ist auch denkbar, dass der Eintritt ab einem bestimmten Zeitpunkt unmöglich ist.

Danach ist noch die Frage nach der Höhe der Auswirkungen des Risikos von zentraler Bedeutung. Welche Gefahr stellt das Risiko dar oder ist es mit nur sehr geringen Auswirkungen verbunden?

In Kombination ergeben diese beiden Kennwerte das Risikolevel. Aus der Analyse der Eintrittswahrscheinlichkeit und der Auswirkungen wird diese Einstufung vorgenommen.

Dokumentiert werden die Risiken im Risikoportfolio. Innerhalb des Portfolios werden die verschiedenen Risiken dargestellt und in die drei Kategorien eingeteilt.

Die Bewertung der Risiken kann sowohl qualitativ, als auch quantitativ vorgenommen werden. Bei der quantitativen Bewertung wird den Risiken ein bestimmter Wert zugeordnet. Damit diese Bewertung vergleichbar ist, müssen sich die Teams auf einen gemeinsamen Maßstab einigen.

Bei der Eintrittswahrscheinlichkeit hat sich die Prozentangabe bewährt. Diese gibt Auskunft darüber, mit welcher Wahrscheinlichkeit das Ereignis bis zu einem Zeitpunkt auftritt. Es muss also auch definiert werden, bis zu welchem Termin das Risiko einen Einfluss haben könnte und ob dieses im gesamten Projektverlauf eine Rolle spielt.

Die Eintrittswahrscheinlichkeit kann noch relativ einfach quantifiziert werden. Geht es aber um die Auswirkungen, sind diese nicht so einfach auf einen Zahlenwert zu beziffern. Daher müssen andere Maßstäbe genutzt werden.

Es können zum Beispiel verschiedene Szenarien und deren Eintrittswahrscheinlichkeiten betrachtet werden. Nachdem eine sinnvolle Klassifizierung der Szenarien vorgenommen wurde, kann für jede Auswirkung eine Wahrscheinlichkeit geschätzt werden.

Möglich ist dies unter anderem mit den potenziellen Schäden, die durch ein Ereignis ausgelöst werden. Den Schäden wird ein monetärer Sachwert zugeschrieben und danach geschätzt, wie wahrscheinlich die jeweilige Schadenssumme wäre.

Die Bewertung der Risiken ist in jedem Fall bis zu einem bestimmten Grad subjektiv. Es werden objektive Daten genutzt, um die Abschätzungen genauer durchzuführen.

Letztlich muss die Einschätzung aber immer durch die Teammitglieder durchgeführt werden.

Bei technischen Produkten hat sich die Methode der Fehlermöglichkeits- und Einflussanalyse durchgesetzt. Diese wird auch als FMEA bezeichnet. Innerhalb dieser Analyse werden verschiedene Szenarien beschrieben. Diese reichen vom schlimmsten anzunehmenden Fall, bis zu kleineren Problemen, die im Projektverlauf auftreten können. Anhand dieser Analyse wird die Zuverlässigkeit und Sicherheit überprüft und verbessert. Sie stellt einen wichtigen Teil der Arbeit im Risikomanagement bei technischen Produkten dar.

Maßnahmen gegen das Risiko

Bisher wurde das Risiko identifiziert und in verschiedene Kategorien unterteilt. Welche Maßnahmen können jetzt getroffen werden, um das Risiko zu minimieren und die Gefahren des Scheiterns zu reduzieren?

Als Maßnahmen, um mit den Risiken umzugehen gibt es vier verschiedene Strategien.

Eine Strategie besteht in der Vermeidung von Risiken. Dies kann sinnvoll sein, wenn Risiken durch Arbeiten entstehen, die für das Projekt nicht zwingend sind. Wird versucht Anforderungen zu erfüllen, die vom Kunden nicht definiert wurden, aber gleichzeitig mit einem hohen Risiko verbunden sind, dann sollten diese Arbeiten eingestellt werden. Die radikalste Maßnahme, um das Risiko zu vermeiden besteht in der Einstellung des Projektes. Wird das Projekt nicht fortgeführt, werden alle finanziellen Unsicherheiten beseitigt und es wird angenommen, dass es vorteilhafter ist, keine weiteren finanziellen Mittel in das Projekt zu investieren.

Das Risiko kann für das Projekt eine große Gefahr darstellen. Bei großen Schadenssummen wird dies zu einem wahren Glücksspiel. Tritt ein sehr unwahrscheinlicher Fall in Verbindung mit einem hohen Schaden ein, kann das das Projekt und möglicherweise das Unternehmen enorm gefährden. Gegen dieses Risiko kann eine Versicherung abgeschlossen werden. Auf diese Weise wird das Risiko an eine andere Organisation übertragen. Es muss aber bedacht werden, dass der Abschluss der Versicherung mit höheren Kosten verbunden ist. Im Gegenzug werden die Unsicherheiten reduziert.

Risiken können von Seiten des Projektes gemindert werden. Diese Minderung kann sowohl auf dem potentiellen Schaden, als auch auf die Eintrittswahrscheinlichkeit einwirken. Bei technischen Produkten können zusätzliche Tests durchgeführt werden, die das Risiko eines Schadens verringern. Bei Lieferungen können zusätzliche Proben entnommen werden, um die Materialqualität zu gewährleisten. So gibt es eine Reihe von Sicherheitsmaßnahmen, die greifen können, um das Risiko zu minimieren. Diese Maßnahmen können sowohl im Vorhinein, als auch im Nachhinein ergriffen werden.

Nicht immer ist es möglich oder wirtschaftlich sinnvoll, wenn ein Aufwand betrieben wird, um die Risiken zu beeinflussen. Dann bleibt nur die Möglichkeit, das Risiko in Kauf zu nehmen und weiterhin zu beobachten. Dies ist vor allem für Risiken sinnvoll, die mit einer geringen Einstufung im Risikolevel einhergehen. Im Projektverlauf gilt es nun diese Risiken weiter zu beobachten und wenn notwendig, weitere Maßnahmen zu ergreifen.

Um die geeigneten Maßnahmen zu finden, gibt es ebenfalls einen eigenen Ablaufplan. Im ersten Schritt werden die

Risiken betrachtet, die zum höchsten Risikolevel zählen. Für diese werden verschiedene Maßnahmen entwickelt. Hierbei geht es im ersten Schritt nur darum, grobe Ideen zu finden und diese danach umzusetzen.

Wurden einige Maßnahmen gefunden, werden diese miteinander verglichen. Das Hauptkriterium ist der zu entstehende Aufwand, wenn die Maßnahmen umgesetzt werden. Der Aufwand wird geschätzt und dokumentiert.

Nachdem die Maßnahmen in einem Vergleich betrachtet wurden, wählt das Team die Maßnahme aus, die Sie für am besten halten, um das Risiko zu minimieren. Gleichzeitig sollte der Aufwand, der durch die Maßnahme entsteht, gering sein.

Ist eine Einigung erfolgt, wird die Maßnahme umgesetzt und überwacht. Ob die Aufgaben, zur Minimierung des Risikos umgesetzt werden, kann anhand verschiedener Kriterien abgeleitet werden. So besteht die Möglichkeit, dass das Risikomanagement bestimmte Ereignisse definiert, die den Eintritt des negativen Ereignisses wahrscheinlicher werden lassen. Werden solche Ereignisse erkannt, die die Risikowahrscheinlichkeit wesentlich erhöhen, kann definiert werden, dass die Schutzmaßnahmen eingeleitet werden.

Die Risikomaßnahmen sind wichtige Eigenschaften des Projektes. Daher sollten sie nicht nur für sich in dem Risikoregister, sondern auch innerhalb des Projektstrukturplans dokumentiert werden. Die Arbeitspaketbeschreibungen können um die Risikomaßnahmen erweitert werden, sodass diese Informationen sofort ersichtlich sind.

Die bisherigen Aktivitäten gingen vor allem darauf zurück, dass das Risiko identifiziert und bewertet wird. Dies ist allerdings nur ein Teil der gesamten Arbeit, die mit dem Risiko einhergeht. Während des Projektverlaufes müssen sowohl die Risikolevel, als auch die Maßnahmen weiter überwacht werden. Diese können sich ändern und daher ist eine regelmäßige Neubewertung notwendig, um auf dem aktuellen Stand zu sein. So besteht nicht die Gefahr, dass ein vormals geringes Risiko plötzlich das gesamte Projekt stoppen kann.

Ebenso muss sichergestellt werden, dass mögliche neue Risiken betrachtet werden. Diese können durch neue Erkenntnisse oder Änderungen im Projektablauf identifiziert werden. Wiederum andere Risiken können ganz entfallen. Um diese Arbeitsschritte nicht zu vernachlässigen, ist es sinnvoll die Neubewertungen zu einem bestimmten Zeitpunkt festzulegen. So wird sichergestellt, dass die Risikobewertung ein kontinuierlicher Prozess ist.

Die Identifikation der Risiken ist ein wesentlicher Erfahrungswert, der für andere Projekte hinzugezogen werden kann. Die Risiken beruhen auf sehr unsicheren Fakten und es werden eine Reihe von Annahmen getroffen. Durch die praktische Umsetzung des Projektes, werden diese Annahmen durch die Praxis belegt. Diese Erkenntnisse sind für ähnliche Projekte sehr nützlich und können eine große Zeitersparnis bringen.

Das Risikoregister

Zur Dokumentation der möglichen Risiken, der Auswirkungen und Maßnahmen, wird das Risikoregister angelegt. Dieses ist das zentrale Dokument, auf welches sich das Risikomanagement beruft.

Das Risikoregister fasst alle bisherigen Aufgaben zusammen und stellt diese innerhalb eines Dokumentes dar.

Alle Risiken, die bisher identifiziert werden, werden im Register festgehalten. Dadurch besteht nicht die Gefahr, dass ein Risiko übersehen wird. Es ist wichtig, dass alle Risiken festgehalten werden, selbst wenn deren Gefahrenpotential sehr gering sind. Das Gefahrenpotential kann sich ändern und daher müssen selbst vermeintlich ungefährliche Risiken erfasst werden.

In diesem Dokument wird zudem die Risikobewertung erfasst. Die Bewertung erfasst die Eintrittswahrscheinlichkeit und die möglichen Auswirkungen. Innerhalb des Risikoregisters kann für die Darstellung der Risikobewertung eine Risikomatrix erstellt werden.

Eine Neuerung im Risikoregister ist, dass der Risikobewältigungsplan erstellt wird. Dieser beinhaltet die verantwortlichen Personen, für jeden Risikofall. Es werden sowohl Risikoeigentümer, als auch die Risikobearbeiter genannt. Dadurch ist schon frühzeitig klar, welche Personen mit dem Risiko vertraut sind und entsprechend die Schutzmaßnahmen einleiten. Diese Personen sind zudem für die Überwachung des jeweiligen Risikos verantwortlich.

Die Risikoüberwachung nimmt einen eigenen Punkt im Risikoregister ein. Durch die ausführliche Dokumentation können nicht nur die aktuellen Risiken betrachtet werden, sondern es sind Trends sichtbar, die für bestimmte Risiken darstellbar sind.

Zusätzlich bietet das Risikoregister eine Abbildung über alle erforderlichen Maßnahmen, die ergriffen werden, falls ein Risikofall eintritt. Das Risikoregister bietet also eine direkte Übersicht, falls ein Risikofall eintritt und eine Bedrohung für das Projekt darstellt.

Damit das Risikoregister diese Funktionen erfüllen kann, sind einige Elemente notwendig, die dokumentiert werden müssen.

Nachdem das Risiko identifiziert wurde, muss es einen Namen erhalten und ausführlich beschrieben werden. Mit dem Risiko verbunden werden die Personen, die dieses offengelegt haben. Weitere Personen, die in Verbindung mit dem Risiko stehen sind die Risikoeigentümer und die Risikobearbeiter.

Die wichtigsten Informationen, die im Risikoregister hinterlegt sein müssen sind die geschätzte Eintrittswahrscheinlichkeit und die möglichen Auswirkungen. Um die Auswirkungen abzufedern, kann zugleich ein Budget eingeteilt werden, welches im Eintrittsfall genutzt wird.

Das Risikomanagement sollte so früh wie möglich im Projekt stattfinden. Dadurch kann gleich zu Beginn festgestellt werden, ob es zahlreiche Risiken gibt, die das Projekt gefährden. So kann schon in der Anfangsphase sich herausstellen, dass das Projekt nicht wie geplant umsetzbar ist. Diese Möglichkeiten sollten bereits im Business Case erläutert werden.

Je früher die Risikobetrachtung erfolgt, desto leichter ist es, die Risiken zu steuern und zum Positiven zu lenken. Das Risikoregister, welches in der Planungsphase erstellt wird, beschreibt einen kontinuierlichen Prozess, um das Risiko zu überwachen. Die Verantwortlichkeit liegt beim Risikomanager, der sicherstellt, dass dieser Prozess von allen Beteiligten ausgeführt wird. Die eigentliche Analyse der Risiken wird durch die Teammitglieder durchgeführt, die in vielen Fällen einen besseren Einblick in die möglichen

Risiken besitzen. Gerade bei technischen Projekten verfügen diese über ein größeres Fachwissen, als die Stakeholder und werden daher mit der Analyse der Risiken anvertraut.

Projekte werden von großen Unsicherheiten begleitet, die verschiedene Auswirkungen haben können. In der Regel ergeben sich aus den Risiken Konsequenzen, die sich in einer Terminverzögerung oder in höheren Kosten niederschlagen.

Wesentlich für die Beschreibung der Risiken sind die Eintrittswahrscheinlichkeit und die Auswirkungen auf das Projekt. Aus diesen Eigenschaften wird das Risikolevel gebildet. Je höher das Risikolevel ist, desto genauer müssen die Maßnahmen beschrieben und gegebenenfalls umgesetzt werden. So besteht zu Beginn des Projektes noch die Möglichkeit, großen Einfluss auf die Risiken zu nehmen und diese abzuwenden. Eine andere Lösungsalternative ist das Abtreten des Risikos an eine Versicherung. Dieses ist zwar im Durchschnitt mit höheren Kosten verbunden, dafür wird eine höhere Sicherheit gewährleistet und das Projekt ist besser planbar.

Generell ist für das Erheben des Risikos ein großer Erfahrungsschatz der Beteiligten von Vorteil. Es werden viele Schätzungen durchgeführt, die mit einer hohen Unsicherheit verbunden sind. Erfahrungswerte von ähnlichen Projekten oder statistische Erhebungen von Instituten können die eigenen Erfahrungen untermauern.

Das Risikomanagement ist ein Prozess, der kontinuierlich durchgeführt werden muss und für den Auftraggeber zu den kritischen Prozessen zählt. Kann das Risikomanagement diesen doch davor bewahren, hohe Investitionssummen zu verlieren.

Das Qualitätsmanagement
Wie wird die Qualität in Projekten definiert?

Die Qualität gilt als eine der wichtigsten Eigenschaften eines Projektes. Es wird immer erwartet, dass eine möglichst hohe Qualität des fertigen Produktes erreicht wird. Dies spiegelt sich natürlich auch im Projekt wider. Doch was bedeutet eigentlich Qualität und wie können die hohen Anforderungen erfüllt werden?

Das Qualitätsmanagement stellt im Projektmanagement eine eigene Disziplin dar. Ihre Tätigkeit besteht darin, die Qualität kontinuierlich zu verbessern und die Prozesse so aufeinander abzustimmen, dass diese sowohl die zeitlichen, als auch qualitätsbestimmenden Anforderungen erfüllen.

Je nach Projekt kann sich die Qualität in unterschiedlichen Gesichtspunkten im finalen Produkt widerspiegeln. Ziele können je nach Branche und Art des Projektes unterschiedlich sein.

Für ein Automobil könnte unter Qualität verstanden werden, dass dieses eine gewisse Dauer fahren kann, ohne unter einem Defekt zu leiden. Die Einhaltung der Qualitätsstandards könnte aber auch bedeuten, dass das Fahren des Autos besonders komfortabel ist.

So gibt es verschiedene Faktoren, die einen Einfluss auf die Wahrnehmung der Qualität haben. Beim Restaurantbesuch ist zum Beispiel nicht nur entscheidend, wie gut das Essen schmeckt, sondern auch wie zuverlässig der Service ist. Wurde das Essen in einer zufriedenstellenden Zeit serviert oder musste eine lange Wartezeit in Kauf genommen werden?

Qualität kann zudem von jedem Kunden subjektiv wahrgenommen werden. Manche Gäste legen eher einen großen Wert auf den Geschmack des Essens, während andere auch die Optik begrüßen oder das gesamte Ambiente für Sie eine große Rolle spielt.

Im Grunde gibt die Qualität nur an, in welchem Maße die Anforderungen erfüllt wurden. Wurden alle Anforderungen erfüllt, kann von einer ausgezeichneten Qualität gesprochen werden. Sind einige Punkte nicht erfüllt worden, ist die Qualität unzureichend.

Dies spiegelt sich auch in der Definition der Qualität wider. Hier heißt es, dass die Qualität der "Grad ist, in dem ein Satz inhärenter Merkmale Anforderungen erfüllt". Dies entspricht der vorherigen Herangehensweise. Einzige Erweiterung ist hierbei, dass von inhärenten Merkmalen gesprochen wird. In diesem Zusammenhang bedeutet dies, dass die Merkmale ständig vorhanden und objektiv messbar sind.

Dadurch wird der subjektive Faktor der Qualität etwas reduziert. Die Qualität wird also eher in Bezug auf objektive Kriterien bewertet. Diese können zum Beispiel die Abmaße eines Objektes sein und ob diese wie gewünscht eingehalten werden.

Das Qualitätsmanagement wird nun als "aufeinander abgestimmte Tätigkeit zum Leiten und Lenken einer Organisation bezüglich der Qualität" beschrieben. Dabei werden die Aufgaben der Festlegung der Qualitätspolitik, Qualitätsziele, Qualitätsplanung, Qualitätslenkung, Qualitätssicherung und Qualitätsverbesserung übernommen.

Das Qualitätsmanagement ist also in der Verantwortung alle möglichen Prozesse innerhalb des Projektes so zu steuern, dass eine hohe Qualität erreicht wird.

Im Projektmanagement wird zwischen zwei Arten der Qualität unterschieden. Es gibt die Produktqualität, welche sich auf das Ergebnis des Projektes bezieht und die Prozessqualität, welche die Arbeitsweise des Projektes beschreibt.

Zu Beginn des Projektes werden vom Auftraggeber und Kunden bestimmte Anforderungen definiert. Diese sollen vom Produkt erfüllt werden. Hierzu gab es bereits den Einwurf der unterschiedlichen Eigenschaften, die der Kunde von dem Produkt erwartet. So gibt es Eigenschaften, die für Ihn unverzichtbar sind und andere, die bei Erfüllung zu einer höheren Zufriedenheit führen, aber bei Nicht-Erfüllung keine negativen Auswirkungen haben.

Je nachdem zu welchem Grad die Anforderungen des Kunden erfüllt wurden, wird von einer hohen oder niedrigen Qualität gesprochen. Eine hohe Qualität liegt dann vor, wenn das Produkt den Anforderungen des Auftraggebers entspricht.

Neben der Produktqualität ist die Prozessqualität für den Erfolg des Projektes entscheidend. Werden die Qualitätsziele der Prozesse erreicht, bedeutet dies, dass eine hohe Prozessqualität vorlag. Dies betrifft unter anderem die Produktentwicklung und -realisierung. Wurden die gesetzten

Ziele in diesen Bereichen erreicht, spricht dies für eine hohe Prozessqualität.

Die Prozesse gelten als Teilstücke des Projektes. Führen diese zu den gewünschten Ergebnissen, ist die Wahrscheinlichkeit hoch, dass auch das finale Produkt den Anforderungen des Kunden eher entsprechen wird.

Von einer hohen Qualität des Projektes kann auch gesprochen werden, wenn die Anforderungen des Kunden und der Stakeholder voll erfüllt werden. Dies kann selbst dann der Fall sein, wenn die Prozessqualität nicht die Höchste war. Ist das Endprodukt dennoch zufriedenstellend, wurde trotzdem eine hohe Qualität erreicht.

Für den Maßstab der Qualität eines Projektes gilt in erster Linie die Kundenzufriedenheit. Wurden seine Anforderungen nachweislich erfüllt, wurde der Qualitätsgedanke beachtet.

Diese objektiven Kriterien können um eine subjektive Sichtweise erweitert werden. Hier kommt wieder die Kano-Theorie zum Tragen, welche die einzelnen Komponenten des Produktes in unterschiedliche Faktoren einteilt. Diese können entweder als Voraussetzung gelten, für die Erfüllung der Anforderungen sorgen, zur Zufriedenheit beitragen oder eine Begeisterung auslösen. Anhand dieser drei Kategorien kann die Zufriedenheit des Kunden analysiert werden.

Für eine hohe Produktqualität ist eine hohe Prozessqualität nicht zwingend notwendig. Allerdings ist klar, dass durch eine hohe Prozessqualität die Qualität des finalen Produktes deutlich beeinflusst wird. Das finale Produkt wird durch die Prozesse im Projekt geformt und wenn die Prozesse besser abgestimmt sind, ist die Wahrscheinlichkeit höher, dass auch das Produkt den Anforderungen entspricht.

Die Prozessqualität beginnt nicht erst bei der eigentlichen Durchführung des Projektes. Sie beginnt schon viel früher, wenn das Projekt geplant wird. Hier werden bereits entscheidende Weichen für die Qualität innerhalb des Projektes gestellt.

Bei der Durchführung des Projektes sollten gewisse Standards eingehalten werden. Die Standards werden unter der ISO-9000 zusammengefasst. Die Umsetzung der Standards obliegt dem Qualitätsmanagement.

Diese Standards und die Erfüllung bestimmter Normen kann von externen Auditoren überprüft und zertifiziert werden. Unabhängig von Projekten ist die Zertifizierung bestimmter ISO-Normen ein wichtiger Aspekt des Qualitätsmanagements. Sind die Zertifizierungen doch ein Hinweis darauf, dass der Qualität ein hoher Stellenwert eingeräumt wird. Gerade die Zertifizierung für die ISO-9001 gilt als wichtiges Merkmal, um am Markt teilnehmen zu können.

Dabei geht es vor allem darum, dass die Prozesse so abgestimmt werden, dass eine hohe Qualität erzeugt werden kann. Dies wird im Qualitätshandbuch festgeschrieben. Die Zertifizierung alleine sagt aber noch nichts über die letztliche Qualität der Produkte oder Projekte etwas aus. Es geht lediglich darum, dass bestimmte Voraussetzungen geschaffen wurden, nach denen eine hohe Qualität angestrebt wird und diese umsetzbar ist.

Das Qualitätshandbuch eines Unternehmens oder Organisation dokumentiert nicht nur die Produktionsprozesse. Es werden auch Entwicklungsprozesse beschrieben und damit besteht eine Schnittmenge mit dem Projektmanagement.

Für das Projektmanagement kann ein eigenes Handbuch angelegt werden. Diese Handbücher gelten als Grundlage für das Qualitätsmanagement im Projekt. Darin enthalten sind die Prozesse und wie eine hohe Qualität erreicht werden soll.

Kompliziert wird es hingegen, wenn verschiedene Organisationen an einem Projekt beteiligt sind. Hier können verschiedene Qualitätsphilosophien zu einer Verzögerung im Projekt führen. Zum Start des Projektes muss ein einheitliches Verständnis zum Qualitätsmanagement aufgebaut werden. Nur dann ist es möglich, dass das Projekt über eine konsistente Qualitätsphilosophie verfügt und diese umsetzen kann.

Bedeutung des Qualitätsmanagements

Dem Qualitätsmanagement wird im Projektmanagement eine hohe Bedeutung beigemessen. Schließlich geht es darum, dass eine hohe Projektqualität erreicht wird. Das Qualitätsmanagement wird als Instrument der Führungsebene angesehen.

Diese können mit verschiedenen Maßnahmen des Qualitätsmanagements direkt die Qualität beeinflussen. Damit ist auch der Projekterfolg verbunden und die Führungsebene kann hier direkt über das Qualitätsmanagement seinen Einfluss ausüben.

Ein ausführliches Qualitätsmanagement bietet einige Vorteile für das Projekt. Gerade wenn es um langfristige Ziele geht, ist die Sicherstellung einer hohen Qualität notwendig, um für zufriedene Kunden zu sorgen. Die hohe Kundenzufriedenheit sorgt dafür, dass dieser als Kunde erhalten bleibt. Möchte dieser ein neues Projekt umsetzen, wird er sich wieder an die Organisation wenden, die das vorherige Projekt mit einer hohen Kundenzufriedenheit abgeschlossen hat. Das Qualitätsmanagement ist also eine Form der Kundenbindung und hilft langfristig, einen Kundenstamm aufzubauen. Damit verbunden ist natürlich das Ziel, einen höheren Umsatz zu generieren.

In Verbindung mit dem Qualitätsmanagement können die beteiligten Organisationen wichtige Erfahrungswerte gewinnen. Das Qualitätsmanagement ist nicht nur für die Sicherstellung einer hohen Qualität des laufenden Projektes wichtig, sondern auch für die Dokumentation zuständig. Aus der Dokumentation können für die nächsten Projekte wichtige Erkenntnisse abgeleitet werden. Möglicherweise können dadurch Kosten reduziert und Risiken minimiert werden. Langfristig sollte mit der Anzahl der durchgeführten Projekte auch die Zufriedenheit der Kunden steigen.

Indem eine ständige Überprüfung und Dokumentation der Prozesse stattfindet, werden Ressourcen geschont. Dies hat den Vorteil, dass Kosten gesenkt werden und die Arbeitsprozesse effizienter ablaufen. Möglicherweise hat dies auch einen Einfluss auf die vereinbarten Termine und die Fristen können besser eingehalten werden. Eine immer höhere Bedeutung erhält zudem der Umweltaspekt. Indem Ressourcen geschont werden, erlangt das Projekt eine bessere öffentliche Wirkung. Eine Verschwendung von Ressourcen ist nicht nur aus Kostengründen zu vermeiden. Es ist für die Öffentlichkeit und den Kunden auch nicht mehr vermittelbar und kann zu einem Image-Schaden führen.

Aus diesen verschiedenen Einflüssen kann gesagt werden, dass das Qualitätsmanagement für die Sicherung der Existenz aller Beteiligten zuständig ist. Werden die Anforderungen des Kunden nicht erfüllt oder die Ressourcen nicht effizient genutzt, können die durchführenden Organisationen kaum wirtschaftlich arbeiten. Langfristig werden diese keine Aufträge mehr von Kunden erhalten und die Konkurrenz wird sich diese Aufträge sichern können.

Damit ist das Qualitätsmanagement nicht nur für das laufende Projekt, sondern vor allem für die langfristige Sicherung der Existenz von hoher Bedeutung. Nur indem eine hohe Qualität sichergestellt werden kann, wird ein Vertrauen geschaffen, welches als Basis für zukünftige Projekte dient.

Im laufenden Projekt ist das Qualitätsmanagement hauptsächlich dafür verantwortlich, dass das finale Produkt eine hohe Qualität aufweist. Damit das Produkt den Anforderungen entspricht, müssen die Prozesse entsprechend abgestimmt und optimiert werden. Dafür werden zunächst bestimmte Richtlinien festgelegt, die eingehalten werden sollen. Dazu zählen unter anderem Termin- und Kostenaspekte. Darüber hinaus sollen die

Ergebnisse der Kunden natürlich auch den Anforderungen entsprechen.

Damit diese Kriterien eingehalten werden, muss ein Qualitätsmanagementsystem eingeführt und durchgesetzt werden. Dieses kann nach ISO 9000 zertifiziert werden. Der Qualitätsbeauftragte ist dafür verantwortlich, dass das Qualitätshandbuch aufgebaut wird. Dieses gibt die Qualitätsphilosophie vor und gibt Antworten auf die Fragen, wie die Qualität sichergestellt werden soll.

Finden sich für ein Projekt mehrere Organisationen zusammen, ist das Nutzen eines bereits vorhandenen Qualitätssystems kaum möglich. Für das Projekt muss das Qualitätssystem erst aufgebaut werden. Hierfür gibt es zwei wesentliche Merkmale, die das Qualitätsmanagementsystem beschreiben.

Auf oberster Ebene wird die Qualitätspolitik beschrieben. Diese gibt die allgemeine Ausrichtung vor, wie die Qualität sichergestellt wird. Dabei handelt es sich zunächst nur um grobe Absichten und Richtungen.

Umgesetzt wird die Qualitätspolitik durch Qualitätsziele. Die Ziele geben an, welche Eigenschaften angestrebt werden, die für eine hohe Qualität sorgen.

Unterschiedliche Qualitätsziele

Die Qualitätsziele geben Antwort auf wichtige Fragen, die innerhalb des Qualitätsmanagements aufkommen werden.

An erster Stelle wird beschrieben, wie die Arbeit im Projekt umgesetzt wird. Es gibt unterschiedliche Arbeitsmethoden, die jeweils mit Vor- und Nachteilen verbunden sind.

Nachdem die Arbeitsweise beschrieben wurde, muss eine Priorisierung durchgeführt werden. Häufig werden hier Abwägungen getroffen, die die Kosten- und Terminziele betreffen. Ebenso kann festgelegt werden, welche Anforderungen an das fertige Produkt einen höheren Stellenwert für den Kunden haben. In Anlehnung an das Kano-Modell können diese Anforderungen beschrieben und im Projekt berücksichtigt werden.

Damit die Ziele wirklich umsetzbar sind, müssen diese bestimmte Bedingungen erfüllen. Dafür wird die "SMART" Regel als Richtlinie genutzt.

Nach der "SMART" Regel muss ein Ziel spezifisch, messbar, attraktiv, realistisch und terminiert sein. Andernfalls hat das Ziel keinen wirklichen Einfluss auf das Projekt und gilt entweder als schwer umsetzbar oder es bringt keinen messbaren nutzen.

Damit die Qualitätsziele dieser Regel entsprechen, werden vom Qualitätsmanagement entsprechende Maßnahmen durchgeführt, damit diese fünf Bedingungen erfüllt werden. Um eine bessere Wirksamkeit der Qualitätsziele zu erzielen, können diese um Verfahrensvorschriften ergänzt werden. Diese helfen dabei zu beschreiben, wie die Ziele erreicht werden sollen.

Für die handelnden Teams stellen die Verfahrensvorschriften einen Leitfaden dar, an welchen Sie sich bei der täglichen Arbeit richten können. Je nach Umfang des Projektes und der beteiligten Unternehmen können die Ziele ausführlicher beschrieben werden.

In kleinen Projekten ist es schon ausreichend, wenn die Qualitätsziele in einer Liste festgehalten werden. Dabei sollte aber weiterhin die SMART Regel beachtet werden. Auch für kleine Projekte gilt, dass diese in dieser Hinsicht sehr sauber arbeiten müssen.

Größere Projekte sind bei der Definition der Qualitätsziele und deren Umsetzung schon etwas komplexer. Eine einfache Liste ist hierfür nicht mehr ausreichend. Um eine hohe Qualität sicherzustellen, wird ein Qualitätsplan erstellt. Dem Qualitätsplan übergeordnet ist das Qualitätsmanagementsystem.

Das Qualitätsmanagementsystem gilt generell als übergeordneter Rahmen. In diesem haben sich der Qualitätsplan und die Ziele zu fügen. Indem alle Qualitätsmaßnahmen und die Ziele sauber im Plan dokumentiert werden, kann der Lernprozess gefördert werden. Der Qualitätsplan kann um die Erfahrungswerte erweitert werden. Für zukünftige Projekte und deren Qualitätsziele können die Erfahrungswerte einen hohen Einfluss nehmen und den Projekterfolg maßgeblich beeinflussen.

Häufig ist bei der Auswertung des Projektes feststellbar, dass die Verantwortlichkeiten bei Problemen nicht optimal geklärt werden. So versuchen viele Abteilungen die Probleme abzuwälzen und möchten nicht für diese verantwortlich sein. Eine Lehre aus diesen Beobachtungen ist, dass schon vor Projektbeginn die Rollenverteilung klar sein muss. Dieser Schritt findet statt, noch bevor überhaupt ein Großteil des Budgets aufgeteilt wurde.

Ein oberstes Qualitätsziel sollte also sein, dass die Verantwortlichkeiten und die Rollenverteilung klar und deutlich vorgenommen werden.

Bei der Definition der Qualitätsziele ist es hilfreich, wenn auf bestehende Systeme und Anforderungen zurückgegriffen wird. Diese bieten bereits eine gute Orientierung, welche Ziele im Projekt verfolgt werden sollten.

Die ISO-9000 Norm beschreibt zudem acht Grundsätze des Qualitätsmanagements. Diese Qualitätsziele sollten in jedem Fall eingehalten und im Projekt integriert werden. Die Ziele lauten wie folgt.

Es ist klar vom Kunden definiert, wie die Liefergegenstände beschaffen sein sollen und zu welchem Termin die Fertigstellung erfolgt. Diese Spezifikation wird vom Kunden unterschrieben und im Vertrag festgehalten. Anhand dieses Dokuments wird am Ende des Projektes sichtbar, ob die Anforderungen des Kunden erfüllt wurden.

Zur Abnahme werden bestimmte Kriterien bestimmt, die für die Qualität maßgeblich sind. Diese entsprechenden den Anforderungen, die der Kunde an das Produkt stellt. Die Abnahmekriterien werden im Vertrag festgehalten.

Zwischen den Abteilungen werden alle Verantwortlichkeiten klar verteilt. Damit wird verhindert, dass während des Projektes Aufgaben zwischen den Abteilungen hin und hergeschoben werden. Diese Festlegung erfolgt in dem Projektcharter.

Für die Messung des Erfolges müssen bestimmte Faktoren festgelegt werden. Anhand dieser lässt sich beim Abschluss des Projektes überprüfen, ob das Projekt erfolgreich war.

Diese Faktoren werden mit dem internen Auftraggeber abgesprochen.

Die Qualitätspolitik muss vorgegeben werden. Dabei dient vor allem das magische Zieldreieck als Grundlage für das Vorgehen hinsichtlich der Qualität. Es muss festgelegt werden, welche der drei Faktoren, bestehend aus Qualität, Kosten und Termintreue die höchste Priorität haben soll. Die Qualitätspolitik wird im Qualitätsplan dokumentiert.

Nicht nur der Projekterfolg, sondern auch seine Effizienz sollte gemessen werden. Hierfür sollten zu Beginn des Projektes eigene Kriterien definiert werden, anhand derer das Projekt überprüft wird. Diese werden auch als Key Performance Indikatoren (KPI's) bezeichnet. Diese Faktoren der Effizienz werden im Qualitätsplan festgehalten und zusammen mit dem internen Auftraggeber vereinbart.

Wichtig für die Einhaltung der Qualitätsziele und den Projekterfolg ist die Arbeit im Team. Hierzu sollten bestimmte Regel aufgeschrieben werden, die die Zusammenarbeit beschreiben. Dadurch wird das soziale Miteinander in gewissen Bahnen gelenkt und Konflikte in größerem Ausmaß sollen vermieden werden. Als Maßnahme können hierfür Meetings dienen, in denen die Mitglieder über die sozialen Verhaltensweisen innerhalb des Projektes informiert werden. Es ist ausreichend, wenn diese Regeln verbal formuliert werden.

Nicht nur der Umgang untereinander, sondern auch die Kommunikation zum Kunden und den Lieferanten ist wichtig. Hier sollte das Qualitätsmanagement bestimmte Verhaltensweisen festlegen. Alle Ansprechpartner und solche, die mit der Projektumgebung kommunizieren, befolgen eine gemeinsame Richtlinie. Dies schafft Vertrauen und führt zu weniger Widersprüchen. Es wird zudem eine einheitliche Regelung getroffen, wie zum Beispiel mit zusätzlichen Forderungen umgegangen wird.

Diese acht Grundsätze des Qualitätsmanagements sollten beachtet und möglichst früh im Planungsstadium abgeklärt werden.

Neben diesen Grundsätzen bietet auch das Project Excellence Modell einen guten Leitfaden, um das Qualitätsmanagement zu gestalten. Die Prinzipien sind bei diesem Modell sehr ähnlich zu den Normen der ISO-9000.

Mehr Wert wird bei dem Modell allerdings auf die Vergleichbarkeit von Organisationen und den Projekten gelegt. Anhand festgelegter Kriterien findet also eine Bewertung statt, die einen Vergleich der Projektorganisationen ermöglicht.

Am Ende werden durch die Gesellschaft für Projektmanagement e.V. die besten Projektorganisationen prämiert. Das Modell dient aber nicht nur der Vergleichbarkeit zwischen den Organisationen, sondern kann auch aus eigenem Interesse für die Bewertung der Projektorganisation genutzt werden.

Die Kriterien des Project Excellence Modells werden unterteilt in die Befähigerkriterien und die Ergebniskriterien. Erstere beschreiben vor allem die Führung und wie das gesamte Projekt organisiert ist. Darunter werden auch die Eigenschaften der Mitarbeiter verstanden. So finden zum Beispiel Bewertungen statt, ob den Mitarbeitern die

Möglichkeit gegeben wird Ihr komplettes Potenzial zu entfalten. Leisten die Mitarbeiter nur "Dienst nach Vorschrift" und nutzen Sie gar nicht Ihre komplette Bandbreite an Fähigkeiten, wird dies als negativ empfunden.

Ebenso wird auch der Umgang mit den Partnern und den Ressourcen bewertet. Wie wird mit den Finanzmitteln umgegangen? Findet in bestimmten Bereichen ein verschwenderischer Umgang statt oder werden die finanziellen Mittel verantwortungsvoll eingesetzt?

Demgegenüber stehen die Ergebnisse. Diese beziehen sich unter anderem auf die Zufriedenheit des Kunden und der Mitarbeiter. Wurden die Leistungsindikatoren erreicht und die Anforderungen erfüllt oder gibt es hier Defizite? Ebenso wird mittels dieser Kriterien auch die Zufriedenheit der Mitarbeiter überprüft. Wie leistungsfähig waren diese und wie zufrieden waren diese insgesamt mit der Projektdurchführung?

Die komplette Bewertung im Rahmen des Project Excellence Modells kann von der Projektleitung übernommen werden. Das Modell liefert vor allem Kriterien, an denen ein Projekt gemessen werden soll.

Ziele, um die Qualität sicherzustellen

Es wurde bereits beschrieben, dass die Prozesse als Teile dafür verantwortlich sind, um einen hohen Projekterfolg zu garantieren. Eine hohe Prozessqualität sorgt demnach für bessere Chancen, eine hohe Projektqualität zu erreichen.

Außerhalb dieser beiden Merkmale gibt es aber noch weitere Ziele, die umgesetzt werden müssen, damit überhaupt erst die Prozessqualität verbessert werden kann.

Sie definieren praktisch die Grundlagen, damit ein Verbesserungsprozess ausgeführt wird. Die Ziele des Projektablaufes, die umgesetzt werden müssen, um einen Qualitätsprozess zu ermöglichen, sehen wie folgt aus.

Der Liefergegenstand an den Kunden muss genau beschrieben werden. Nur auf diese Weise ist es möglich, eine Bewertung durchzuführen und zu bestimmen, ob die Anforderungen eingehalten wurden.

Ob die Anforderungen eingehalten wurden, muss verifiziert werden. Die Verifikationsmethode wird in der Spezifikation festgelegt und muss durch den Kunden bestätigt werden.

Als Orientierung muss für das Projekt eine Baseline vorhanden sein.

Sollen Änderungen an dieser Basis durchgeführt werden, geschieht dies nur mittels eines Änderungsprozesses. Für diesen Änderungsprozess gibt es verantwortliche Personen, die damit anvertraut wurden. Die Verantwortlichkeit wird zu Beginn des Projektes festgelegt.

Werden Änderungen an den Anforderungen des Produktes vom Kunden bestimmt, müssen diese Veränderungen immer dokumentiert werden. Auch die damit verbundenen Kosten oder terminlichen Verzögerungen müssen schriftlich festgehalten werden.

Für den Umgang im eigenen Team und mit dem Kunden gibt es feste Regeln. Diese dienen als soziale Normen und werden von jedem beachtet.

Durch die fruchtbare Zusammenarbeit mit den Kunden oder Lieferanten sollten Ergebnisse angestrebt werden, die eine Verbesserung für beide Parteien darstellen.

Während des Prozesses sollen die Ergebnis fehlerfrei sein. Dadurch wird verhindert, dass nachfolgende Prozesse Nacharbeiten durchführen müssen.

Für die Gewährleistung der Qualität und der fehlerfreien Ergebnisse sind mehrere Personen zuständig, die die Arbeiten kontrollieren.

Geschehen Fehler, werden diese zugegeben und offen kommuniziert. Eine offene Kommunikationskultur ist dafür von Vorteil. Fehler werden analysiert und daraufhin Maßnahmen ergriffen, um die Fehler zukünftig zu vermeiden.

Ebenso muss bestimmt werden, wie die Produkt- und Prozessqualität gestaltet wird. Dazu stehen verschiedene Vorgehensweisen und Methoden zur Verfügung. Eine der bekanntesten Methoden ist das "Quality Function Deployment", welches von vielen Unternehmen erfolgreich in Projekten eingesetzt wird.

Das Quality Function Deployment

Projekte können zu verschiedenen Zwecken durchgeführt werden. Steht die Entwicklung eines Produktes im Mittelpunkt, ist es notwendig, dass die Produktkomponenten während des Entwicklungsprozesses laufend verbessert werden. Nur auf diese Weise kann am Ende ein Produkt gefertigt werden, welches den Ansprüchen des Kunden genügt.

Mit dem Quality Function Deployment kann dieser Verbesserungsprozess beschrieben werden. Die Ergebnisse können danach in das "House of Quality" überführt werden.

Das Quality Function Deployment beschreibt, wie die Produkte und deren Merkmale analysiert werden. Diese Merkmale werden dahingehend überprüft, ob Sie die Kundenanforderungen erfüllen oder ob Verbesserungen notwendig sind.

Mit dem Quality Function Deployment soll sichergestellt werden, dass die Anforderungen des Kunden erfüllt werden. Dadurch versprechen sich die Projektverantwortlichen einen besseren Markterfolg und dass Sie sich gegenüber der Konkurrenz abheben können.

Um dieses Ziel zu verwirklichen, die Kundenzufriedenheit zu erhöhen und gleichzeitig auf dem Markt zu überzeugen, wird eine Analyse auf beiden Ebenen durchgeführt.

Zunächst wird für das Produkt der Markt und die Zielgruppe definiert. Am Anfang des Projektes wird also festgelegt, für wen das Produkt gedacht ist. Dies kann entweder zu Beginn des Projektes durchgeführt oder schon vom Auftraggeber als Vorgabe für das Projekt mitgegeben werden.

Danach wird analysiert, welche Anforderungen der Markt und die Kunden an das Produkt stellen werden. Im Projekt kann dies mit einem Fokus auf den Auftraggeber durchgeführt werden. Es wird also analysiert, welche Anforderungen der Auftraggeber haben könnte.

Wurden die Produktanforderungen definiert, findet ein Vergleich zwischen den Fähigkeiten des eigenen Unternehmens und der Wettbewerber statt. Es wird zum

Beispiel bewertet, wie gut die Wettbewerber die Anforderungen des Kunden erfüllen. Das eigene Unternehmen soll ebenfalls aus der objektiven Perspektive bewertet werden.

Für das Projekt und der Entwicklung des Produktes ist die technische Betrachtung wesentlich bedeutender. Die Marktanalyse wird in erster Linie vom Auftraggeber und den Stakeholdern durchgeführt.

Bei der technischen Betrachtung wird zunächst analysiert, welche Merkmale verbessert werden können und wie diese sich auf den Erfolg auswirken. Es wird erläutert, durch welche Verbesserungen sich der größte Erfolg erzielen lässt.

Wichtig für die Entwicklung eines technischen Produktes ist die Unterteilung in einzelne Produktkomponenten, Baugruppen und Teile. Diese werden unterteilt und bewertet, inwiefern diese einen Einfluss auf die Kundenanforderungen haben.

Bei dieser Bewertung fließt mit ein, dass bestimmte Komponenten in Wechselwirkung zueinanderstehen und Abhängigkeiten vorhanden sein können.

Die technische Bedeutung jedes Bauteils wird mit einem Punktwert verdeutlicht. Bauteile, die einen hohen Punktwert erzielen, haben einen höheren Einfluss auf die Erfüllung der Kundenanforderungen und müssen einen besonderen Fokus bei der Produktentwicklung haben. Verbesserungen an diesen Teilen haben größere Auswirkungen und sollten mit höherer Priorität durchgeführt werden.

Am Ende dieser Bewertungsrunden steht fest, welche Leistungsmerkmale einen hohen Einfluss haben. Diese bieten besondere Chancen, um die Kundenanforderungen zu erfüllen und für eine bessere Qualität zu sorgen.

Nachdem diese Potenziale ermittelt wurden, wird ein Maßnahmenplan erstellt. Dieser enthält konkrete Aufgaben, inwiefern die einzelnen Komponenten verändert werden können, um den Kundenanforderungen eher zu entsprechen.

Die einzelnen Phasen der Qualität

Für die Qualität wesentlich ist nicht nur der Anfang des Projektes. Dort werden zwar alle Entscheidungen getroffen, um das laufende Projekt zu beeinflussen, dennoch ist die Projektabschlussphase ebenfalls von großer Bedeutung.

Hier werden die Erfolgskriterien überprüft, die in der Definitionsphase festgelegt wurden. Die Erfolgskriterien werden zu Beginn des Projektes zusammen mit den Stakeholdern vereinbart. Um eine bessere Überprüfbarkeit zu gewährleisten werden die Kriterien schriftlich festgehalten.

Nachdem die Kriterien festgehalten wurden, wird in der Planungsphase erörtert, welche Maßnahmen notwendig sind, um die Qualität zu gewährleisten. Dadurch wird sichergestellt, dass die Qualitätspolitik befolgt wird und die eigenen Ansprüche durchgesetzt werden.

In der Durchführungsphase des Projektes werden diese Regeln beachtet, um die Qualitätsziele zu erreichen. Ob die Ziele erreicht werden, sollte in regelmäßigen Abständen überprüft werden. Dies kann zum Beispiel an den jeweiligen Meilensteinen stattfinden.

An diesen markanten Punkten im Projekt kann die Produkt- und Prozessqualität überprüft werden. Hierzu können die bereits festgelegten Verifikationsmethoden angewandt werden. Die jeweiligen Kriterien und Überprüfungsmethoden wurden bereits im Vorfeld definiert.

Weiterhin sollte eine Bewertung der Projektarbeit erfolgen. In dieser wird erläutert, ob die Erfolgskriterien erreicht und die Qualitätsziele umgesetzt wurden. Erfolgskriterien können sich auf das magische Dreieck beziehen und aussagen, ob der Meilenstein zum geplanten Zeitpunkt erreicht wurde oder ob es Verzögerungen gab.

Für die Einhaltung der Qualitätsregeln und der Umsetzung der Maßnahmen gibt es im Wesentlichen zwei Personen im Projekt.

Dies ist der Qualitätsbeauftragte des Auftraggebers und der Qualitätsmanager im Projekt. Durch diese Zweiteilung wird die Qualität von unterschiedlichen Perspektiven betrachtet.

Der Qualitätsbeauftragte kann entweder einem Unternehmen angehören oder im Auftrag einer Behörde arbeiten. Dieser ist nicht an das Projekt gebunden, sondern gehört der jeweiligen Organisation fest an.

Anders verhält es sich hingegen mit dem Qualitätsmanager. Dieser wird dem Projekt zugeteilt und ist dafür verantwortlich, dass die Qualität der Prozesse und des Lieferobjektes eingehalten wird.

Darüber hinaus ist die Projektleitung damit beauftragt, die Prioritäten des magischen Zieldreiecks umzusetzen. Wird der Fokus vor allem auf die Kosten und der Termineinhaltung gelegt, kann dies zu Konflikten mit dem

Qualitätsmanager führen. Schließlich würden die Projektleitung und der Qualitätsmanager leicht unterschiedliche Ziele verfolgen.

Bei kleineren Projekten ist die gesonderte Rolle des Qualitätsmanagers nicht immer vorgesehen. Diese Aufgabe wird dann vom Projektleiter übernommen.

Die Qualität im Projekt gehört neben der Termineinhaltung und der Kosteneffizienz zu einem der zentralen Eigenschaften des Projektes. Sie gibt an, inwiefern die Anforderungen des Kunden erfüllt wurden. Die Anforderungen werden hierbei vom Auftraggeber definiert. Diese können aber auch im Rahmen der Qualitätssicherung bestimmt werden.

Das Quality Function Deployment stellt ein System dar, bei dem die Merkmale des Produktes so beeinflusst werden, dass die Zufriedenheit des Kunden maximiert wird. Das Endprodukt wird in seine technischen Komponenten unterteilt und es wird erörtert, welche Verbesserungen zu dem größten Erfolg führen können.

Die Projektqualität wird im Wesentlichen von der Prozessqualität beeinflusst. Der Qualitätsmanager ist dafür zuständig, Maßnahmen zu entwerfen und zu kontrollieren, ob die hohe Prozessqualität erreicht wird. Durch eine hohe Prozessqualität ist es wahrscheinlicher, dass auch das Endprodukt den Anforderungen des Kunden entspricht.

Eine weitere Kernaufgabe des Qualitätsmanagements ist die Verbesserung zukünftiger Projekte. So schließt sich an die Fertigstellung eines Projektes die Analyse und

Dokumentation der aktuellen Erfahrungen an. Diese Werte können eine wichtige Rolle für weitere Projekte haben. Da Projekte von Ihrer Einzigartigkeit geprägt sind, ist es hilfreich, zumindest Erfahrungswerte von ähnlichen Projekten zu besitzen.

Nur durch eine hohe Qualität können Kunden langfristig gebunden und für weitere Projekte gewonnen werden. Damit ist die Qualität einer der Kernfaktoren für den Unternehmenserfolg.

Die Terminplanung
Realistische Termine setzen und die verschiedenen Terminpläne

Mit der Qualität haben Sie bereits ein Drittel des magischen Dreiecks des Projektmanagements kennengelernt. Die Qualität ist notwendig, um den Kunden zufriedenzustellen und diesen als langjährigen Kunden zu gewinnen.

Das beste Projektergebnis bringt jedoch keinen Nutzen, wenn das Projekt verspätet abgeschlossen wird. Das Risiko besteht darin, dass die Konkurrenz in der Zwischenzeit bereits ein Produkt auf den Markt gebracht hat, welches dem Produkt des Projektes überlegen ist.

Oder es gibt andere zeitliche Faktoren, weshalb das Projektergebnis zu einem bestimmten Zeitpunkt abgeschlossen werden sein muss. Großveranstaltungen zum Beispiel werden lange im Voraus geplant und sollen zu einem bestimmten Zeitpunkt stattfinden. Die Zuschauer haben sich bereits auf diesen Zeitraum eingestellt und eine Absage oder Verschiebung der Termine käme einer mittleren Katastrophe gleich.

Daher ist die Terminplanung für den Erfolg eines Projektes von großer Bedeutung. Gerade größere Bauprojekte in Deutschland sind allerdings häufiger als Negativbeispiel zu betrachten.

Um langfristige Projekte zu planen und den Termin der Fertigstellung zu finden, wird die Abfolge von Aufgaben geplant. In der Planungsphase wird grob eine Zeitleiste angefertigt, in der die Abläufe aufgezeichnet werden und die jeweiligen Zeitdauern, bis die Aufgabe abgeschlossen wird.

Handelt es sich um ein sehr komplexes Projekt, reicht eine einfache Zeitleiste mit den Abläufen nicht mehr aus. Es müssen mehrere Terminpläne angefertigt werden, die jeweils unterschiedliche Informationen enthalten.

Als Grundlage dient die Ablaufplanung. Diese entspricht der Darstellung der Zeitleiste am ehesten. Die Aufgaben werden in der Reihenfolge angelegt und die entsprechenden zeitlichen Fristen festgelegt. Dabei wird der Arbeitsaufwand und die Wirtschaftlichkeit berücksichtigt.

Als weiterer Plan kann der Meilensteinplan genutzt werden. Dieser stellt eine vertragliche Basis zwischen dem Projektteam und dem Kunden dar. Zu bestimmten Zeitpunkten sollen Aufgaben, die im Meilensteinplan vorhanden sind, abgeschlossen sein.

Die Meilensteine werden bei der Projektphase festgehalten und vertraglich fixiert. Die Termine werden im Vorfeld festgeschrieben und zeitliche Reserven sind in der Regel nicht vorgesehen. Diese bedürfen der Zustimmung des Kunden, falls die Reserven dennoch erwünscht sein sollten.

Anhand des Meilensteinplans kann genauer überprüft werden, ob das Projekt zeitlich im Rahmen liegt oder ob Verzögerungen im Ablauf aufgedeckt werden. Als Meilensteine eines Projektes können wichtige technische Fortschritte bei der Entwicklung gelten. Es können aber auch andere Vorgänge als Meilenstein in Betracht gezogen werden. Eine bedeutende Zahlung eines Kunden kann ebenso als Meilenstein aufgefasst werden, weil dadurch die Finanzierung des Projektes sichergestellt wird.

Als interner Zeitplan kann der Masterterminplan genutzt werden. Dieser wird vom Projektteam angelegt. Dazu sind in der Regel mehrere Verbesserungsschritte und Wiederholungen notwendig. Dieser Plan ist nicht für die Vertragspartner gedacht, sondern steht nur dem Kernteam zur Verfügung. Anhand dieses Plans kann das Kernteam die Abläufe planen und steuern.

Der Masterterminplan stellt eine zentrale Aufgabe des Projektes dar. In ihm werden die Teilaufgaben, Phasen, Arbeitspakete und Meilensteine gebündelt. Diese Informationen sind zudem wesentlich für die Entwicklung der Baseline.

Wie genau der Masterterminplan erstellt wird und welche Informationen dieser beinhalten soll, bleibt dem Kernteam überlassen. Sie können darüber entscheiden, ob dieser Plan in verschiedene Ebenen unterteilt wird und wie genau die

Detailstufe sein soll. Anhand dieses Plans kann das Kernteam einen Soll-Ist-Vergleich durchführen.

Im Masterterminplan werden Zeitreserven berücksichtigt. Wie hoch diese sind und welche Sicherheiten vorhanden sein sollen, hängt von der Einschätzung des Kernteams ab. Je höher das Risiko und die Anforderungen an die Aufgaben und Abläufe sind, desto mehr Zeitreserven sollten eingeplant werden.

Der Projektstrukturplan mit seinen Aufgaben und Arbeitspaketen dient als wichtige Grundlage für die Erstellung des Masterterminplans. In diesem werden wichtige Informationen zu den Arbeitspaketen bereitgestellt. Durch die Pufferzeiten können Terminverzögerungen aufgefangen werden, sodass das Ergebnis zu dem fixierten Termin präsentiert werden kann und es nicht zu einer Verzögerung kommt.

Während der Masterterminplan für interne Zwecke angefertigt wird, gibt es für Lieferanten und andere externe Vertragspartner gesonderte Terminpläne. Diese enthalten nur die Informationen, die für die jeweiligen Partner von Bedeutung sind. So werden diese nicht mit Informationen überhäuft, die für Sie keine Bedeutung haben und unwesentlich sind.

Diese Terminpläne sind in der Regel etwas einfacher gestaltet. Sie geben vor allem an, zu welchem Zeitpunkt die bestimmten Leistungen erbracht werden sollen. Nicht berücksichtigt werden hingegen Pufferzeiten. Die Termine werden für alle Vertragspartner fixiert und sollten ohne Verzögerungen eingehalten werden.

Ebenso enthalten die Lieferantenterminpläne keine Pufferzeiten. Es wird davon ausgegangen, dass die Lieferanten ihre Termine einhalten müssen, damit die nachfolgenden Prozesse fristgerecht erledigt werden können.

Die Termine und Leistungen werden in Verträgen festgehalten. Kommt es zu Verzögerungen, können Vertragsstrafen drohen, da das gesamte Projekt unter der Verzögerung leiden könnte.

Der Nutzen der genauen Terminplanung

Im magischen Dreieck werden die Terminierung und die Qualität gesondert voneinander betrachtet. Ganz so isoliert sind diese Faktoren des Projektes allerdings nicht vorzufinden. Die Termintreue wird als Qualitätsmerkmal angesehen.

Schließlich gehört es auch zur Kundenzufriedenheit, dass dieser das Projektergebnis zu diesem Zeitpunkt erhält, an welchem es vorgesehen war. Wird ein Projekt mit starker Verzögerung vollendet, stellt dies einen Qualitätsmangel dar. Ebenso kann auch die sehr frühzeitige Beendigung des Projektes in bestimmten Fällen ein Qualitätsmangel darstellen. Durch die zu frühe Fertigstellung können je nach Projektart hohe Folgekosten entstehen, die bei Projektbeginn noch nicht eingeplant wurden.

Die Termintreue ist ein wichtiges Merkmal im Zusammenspiel aller Partner. Sie ist sowohl projektintern ein wichtiges Kriterium, als auch bei der Auswahl der Lieferanten. Werden die Termine eingehalten, schafft dies eine Vertrauensbasis, von der die beteiligten Partner profitieren.

Kommt es hingegen zu Verzögerungen im Ablauf, weil einer der Partner einen Termin nicht eingehalten hat, kann eine Vertragsstrafe drohen. Der Terminverzug kann zudem zu einem Ansehensverlust führen. Schließlich wird durch diesen Verzug ein Qualitätsmangel aufgedeckt.

Die Terminplanung ist nicht nur bedeutsam, um Verzögerungen im Projekt zu verhindern. Sie besitzt weitere wichtige Eigenschaften, die sich positiv auf das Projekt auswirken können.

Eine wichtige Funktion der Termin- und Ablaufplanung besteht in der besseren Koordination des gesamten Projektes. Anhand dieser Pläne können andere Pläne besser ausgestaltet werden. Oftmals ist die Termin- und Ablaufplanung sogar die Grundlage für die Ausgestaltung anderer Pläne.

So orientieren sich die Personal- und Finanzplanung sehr eng an der Terminplanung. Der Terminplan wird hierbei als zentraler Plan angesehen, der die Grundlage darstellt. Auch bei der internen Kommunikation kommt dem Terminplan eine wichtige Funktion zu. Er ist häufig Bestandteil von Diskussionen oder Meetings.

Die Terminplanung besitzt zudem eine wichtige Prognosefunktion. Zunächst sollten die Termine möglichst realistisch gesetzt werden. Es ist nicht förderlich, wenn die Termine sehr optimistisch gesetzt werden, um den Anforderungen des Kunden besser zu entsprechen. Können die Termine ohnehin nicht eingehalten werden, stellt dies einen groben Mangel dar.

Anhand der vorhergehenden Planung kann zudem abgeschätzt werden, wie weit der Projektfortschritt ist. Die Pläne dienen hierbei dem Soll-Ist-Vergleich und können darüber Aufschluss geben, ob Verzögerungen aufgetreten sind und welche Abläufe noch bevorstehen. Je nach Einschätzung können gesonderte Maßnahmen durchgeführt werden, um die Termine nicht zu gefährden.

Es ist also von großer Bedeutung, dass der Terminplan möglichst realistisch abgeschätzt wird. Die Erstellung erweist sich aber in Teilen als äußerst kompliziert. Schließlich soll zu Beginn des Projektes eine Prognose über die Dauer der Abläufe vorgenommen werden. Die Abläufe sind noch von großen Unsicherheiten behaftet und die Prognose fällt nicht wirklich einfach.

Als Ausgangslage für die Terminplanung können der Phasen- und Meilensteinplan dienen. Diese stellen den groben Ablauf des Projektes dar und geben wichtige Anhaltspunkte über den Fortschritt an. Die Meilensteine sind zudem vertraglich vereinbart und gelten daher als verbindlich. Eine Verschiebung der Meilensteine wird in der Regel nicht akzeptiert und daher ist der Meilensteinplan als Grundlage für die weitere Planung sehr gut geeignet.

Der Meilensteinplan ist allerdings noch sehr grob und geht nicht sehr ins Detail. Um den Terminplan genauer zu gestalten, müssen die Verantwortlichen verschiedene Faktoren und Fragen berücksichtigen.

Grundsätzlich müssen Sie die Dauer der einzelnen Arbeitspakete abschätzen und die Reihenfolge festlegen. Danach müssen die Termine und Ressourcen aufeinander abgestimmt werden. Als Ressource werden nicht nur die finanziellen Mittel angesehen, sondern auch die Mitarbeiter, die an dem Projekt mitarbeiten und zu den bestimmten Terminen zur Verfügung stehen müssen.

Bei der Planung muss erläutert werden, wie mit Zeitreserven umgegangen werden soll. Werden diese großzügig im Projekt eingebaut oder verlangt der Kunde eine möglichst zügige Fertigstellung? Hier muss eine Abschätzung getroffen werden, ob und in welchem Ausmaß die Zeitreserven notwendig sind.

Eine Störung des Ablaufes tritt nicht nur durch externe Faktoren auf, die vorher nicht absehbar sind. Feiertage oder andere Tage im Betriebskalender, die schon für weitere Arbeiten belegt sind, können ebenfalls zu Verzögerungen führen. Diese Sondertage müssen bei der Terminplanung im Voraus berücksichtigt werden.

Damit der Terminplan möglichst genau ist, können weitere Methoden eingesetzt werden. Terminlisten, Netzpläne oder Balkenpläne können für die Erstellung des Terminplans behilflich sein. Durch die Kombination dieser Pläne ist es möglich, eine relativ genaue Prognose über den Ablauf des gesamten Projektes zu erstellen.

Abläufe besser abschätzen

Kern des Terminplans und dessen Ausarbeitung bleibt weiterhin, dass die Dauer der einzelnen Abläufe geschätzt werden muss. Als Grundlage dienen hierfür die

Arbeitspakete, die im Projektstrukturplan abgebildet werden. Der Projektstrukturplan gibt bereits eine ausführliche Auskunft darüber, welche Arbeiten alle im Projekt erfüllt werden müssen.

Für die Schätzung der Dauer der Fertigstellung der Arbeitspakete kann es sinnvoll sein, diese zu einem Prozess zusammenzufassen. Komplexe Arbeitspakete wiederum können auch unterteilt werden. Die Arbeitspakte aus dem Projektstrukturplan werden also nicht als starre Einheit angesehen, sondern können den eigenen Bedürfnissen angepasst werden.

Um die Dauer abzuschätzen, muss zunächst eine passende Zeiteinheit gewählt werden. Für längere Projekte kann es hilfreich sein, wenn die Arbeitspakete in Wochen angegeben werden. Bei kürzeren Projekten bietet sich die Zeitangabe in Tagen an.

Am gebräuchlichsten ist die Planung der Dauer in Tagen. Die Abschätzung der Dauer eines Arbeitspaketes ist von verschiedenen Faktoren abhängig.

An erster Stelle steht der Arbeitsaufwand, der für die Aufgabe erforderlich ist. Ist die Aufgabe besonders komplex und wird eine hohe Qualität gefordert, wirkt sich dies auf die Schätzung aus. Komplexe Aufgaben erfordern eine umsichtigere Schätzung. Dennoch sind die Unsicherheiten sehr viel größer, sodass die Abweichungen der Planung vom Ist-Wert in der Regel größer sind.

Die Schätzung für die Dauer eines Arbeitspaketes ist auch von der Anzahl der Personen abhängig. Je mehr Personen zur Verfügung stehen, desto schneller können die

Arbeitspakete bearbeitet werden. Allerdings muss hier wieder die optimale Größe eines Teams beachtet werden. Diese Größe liegt bei einer Mitarbeiterzahl von 6 Personen und mehr Leute für die Bearbeitung der Arbeitspakete abzustellen muss nicht in einer Beschleunigung der Arbeit münden. Das größere Team kann auch zu einem höheren Koordinationsaufwand und einer ineffizienteren Arbeitsweise führen.

Der Koordinationsaufwand ist ein weiterer wichtiger Faktor für die Abschätzung der Dauer der Arbeitspakete. Ist der Koordinationsaufwand sehr hoch, kann nicht einfach die Teamstärke erhöht werden. Hier muss in den meisten Fällen mit den vorhandenen Mitarbeitern geplant werden. Dementsprechend vorsichtig sollte die Abschätzung erfolgen. Schließlich sind die möglichen Gegenmaßnahmen großen Einschränkungen unterlegen.

Die Qualifikation der Mitarbeiter ist ebenfalls ein wichtiger Anhaltspunkt für die Abschätzung der Dauer eines Arbeitspaketes. Verfügen diese über eine hohe Qualifikation, müssen diese sich nicht erst lange in das Arbeitspaket einarbeiten, sondern können umgehend mit der Erledigung der Aufgaben beginnen.

Die Frage ist jetzt, wie vorsichtig oder optimistisch der Terminplan erstellt werden soll. Für eine möglichst realistische Terminplanung werden normale Bedingungen unterstellt. Dabei wird davon ausgegangen, dass die übliche Arbeitsleistung erbracht und prognostiziert werden kann. Sollen Zusatzaufgaben erbracht werden, werden diese in diesem Arbeitsaufwand als Sonderaufgaben berücksichtigt.

Dennoch ist die Kernfrage bei Projekten, wie eine möglichst realistische Dauer der Arbeitspakete geschätzt werden kann. Schließlich verfügen Projekte über eine Vielzahl von Aufgaben, über die noch keine genauen Erfahrungswerte bekannt sind.

Wie lange die Dauer eines Arbeitspaketes ist, wird durch die Schätzung von Fachleuten bestimmt. Am besten ist es, wenn die Fachleute mit der Schätzung beauftragt werden, die im späteren Projekt auch die Arbeit durchführen.

Bei der Berücksichtigung der Terminplanung spielt die Arbeitszeit eine wesentliche Rolle. Wenn davon gesprochen wird, dass ein Arbeitspaket in einer Woche von einer Person abgeschlossen werden kann, wird dieser Aufgabe eine Arbeitszeit von 40 Stunden zugrunde gelegt. Da die vertragliche Arbeitszeit des Arbeitnehmers bei 40 Stunden liegt, müsste dieser also die Aufgabe innerhalb einer Woche erfüllen können.

Hier muss allerdings berücksichtigt werden, dass Arbeitnehmer nicht die vollen 40 Stunden in der Woche für das Projekt zur Verfügung stehen. Sie können krank sein und dem Projekt fernbleiben oder Sie können für andere Arbeiten eingesetzt werden. Zudem steht Ihnen auch Urlaub zu, welcher bei der Terminplanung berücksichtigt werden muss.

Um ein realistischeres Ergebnis zu erhalten, sollte davon ausgegangen werden, dass etwa 80 Prozent der Arbeitszeit als tatsächlich produktive Zeit zur Verfügung stehen. Somit erhöht sich der Zeitaufwand für das Arbeitspaket mit einer geschätzten Dauer von 40 Stunden auf mehr als eine Woche.

Nicht nur die reine Dauer der Arbeitspakete ist für die Termin- und Ablaufplanung bedeutsam. Es muss auch eine logische Reihenfolge erarbeitet werden, in welcher die Abläufe zu erledigen sind. Dazu müssen auch die Abhängigkeiten der Arbeitspakete untereinander identifiziert werden.

Bestimmte Arbeiten bauen aufeinander auf und können nur nacheinander absolviert werden. Dies muss bei der Ablaufplanung berücksichtigt werden. Die Abläufe müssen nicht in direkter Abhängigkeit zueinanderstehen. Es gibt auch Aufgaben, die parallel ausgeführt werden können.

Bei der Ablaufanalyse soll mit diesen Informationen ein möglichst effizienter Ablauf erstellt werden. Eine Möglichkeit für die genaue Planung dieser Aufgaben besteht in der rekursiven Vorgehensweise.

Hierbei werden vom Projektende ausgehend die Abläufe festgelegt und geplant. Als Alternative kann auch rückwärts von den Meilensteinen ausgegangen werden.

Zusätzlich zur Dauer der Bearbeitung der einzelnen Abläufe müssen auch die Zeiten zwischen den Arbeitspaketen berücksichtigt werden. Die Abläufe gehen nicht zu 100 Prozent nahtlose ineinander über. Bei der Übergabe entsteht ein Koordinationsaufwand, welcher berücksichtigt werden muss.

Indem die reale Arbeitszeit und das Zeitfenster zwischen den Arbeitspaketen berücksichtigt werden, kann eine möglichst realistische Schätzung erfolgen.

Abstimmung der Ressourcen und Termine

Die Terminplanung ist eng mit der Ressourcenplanung verknüpft. Dies muss beim gesamten Ablauf bedacht werden. Die Ressourcen können generell in vier Kategorien eingeteilt werden.

Die Hauptressource für die Projektarbeit ist das Personal. Dieses ergibt sich aus den Teammitgliedern sowie den Mitarbeitern aus den Fachabteilugen und externen Beratern. Die Mitarbeiter sind für die direkte Erfüllung der Arbeitspakete verantwortlich.

Als weitere Ressourcen kommen die Sachmittel in Betracht. Darunter werden zum Beispiel Maschinen verstanden, die für die Erfüllung der Aufgaben notwendig sind. Ein Engpass bei der technischen Entwicklung von Produkten stellt häufig die Testanlage dar. Aufwendige Tests können nur in sehr begrenztem Rahmen durchgeführt werden. Hier ist es Aufgabe der Terminplanung, dass die Geräte optimal ausgelastet werden.

Unter den weiteren Ressourcen werden die Materialien angesehen. Während des Projektes werden diese Ressourcen teils selber hergestellt oder von Lieferanten zur Verfügung gestellt.

Finanzielle Mittel zählen zu der letzten Kategorie der Ressourcen, die für ein Projekt genutzt werden und im Rahmen der Terminplanung berücksichtigt werden müssen.

Erfahrungswerte zeigen, dass in Projekten das Personal und die Finanzmittel als kritische Ressourcen angesehen werden.

Bei der Planung muss daher besonders auf diese beiden Faktoren große Rücksicht genommen werden.

Bei der Personalplanung ist insbesondere die Qualifikation der Mitarbeiter zu beachten. Je nach Aufgabe werden andere Mitarbeiter benötigt und diese sind nur in wenigen Ausnahmefällen austauschbar. Fällt ein Mitarbeiter aus, kann dies das gesamte Projekt verzögern.

Für die Personalplanung muss im ersten Schritt eine Aufnahme des Personalbestandes erfolgen. Der Personalbestand wird anhand der verschiedenen Qualifikationen unterteilt. Danach findet ein Abgleich zwischen dem Bedarf und dem Bestand statt. Die Personalplanung kann dann hinsichtlich des Personalbedarfs optimiert werden.

Ob das Personal oder die Finanzen auch in diesem konkreten Projekt die kritische Ressource darstellen, hängt von der Projektart ab. Es ist ebenfalls möglich, dass Spezialmaschinen oder andere Sachmittel als kritische Ressource gewertet werden.

Zur Erstellung des Terminplans sind einige Überarbeitungen notwendig. Der erste Terminplan ist noch sehr grob und dient zunächst als Anhaltspunkt für die Personal- und Finanzplanung. Nachdem diese beiden Pläne entworfen wurden, wird bekannt, welche Änderungen am Terminplan durchgeführt werden müssen.

Inwiefern diese Änderungen durchgeführt werden, hängt von den Entscheidungen der Verantwortlichen ab. In Verhandlungen wird darüber beraten, inwieweit die Pläne anpasst werden. So entstehen die finalen Pläne nach einigen

Überarbeitungsrunden. Der Terminplan wird dann für die Baseline herangezogen.

Anpassungen an den Plänen sollten strukturiert durchgeführt werden. Schließlich können die Anpassungen bestimmter Aktivitäten auch Auswirkungen auf andere Prozesse und Abläufe haben. Hierfür ist in jedem Fall das Änderungsmanagement zuständig.

Bei der Ablaufplanung ergibt sich regelmäßig ein Dilemma. Es sollen sowohl die Ablaufzeiten der Arbeitspakete, als auch die Auslastung des Personals optimiert werden.

Die Optimierung der Auslastung der Mitarbeiter, gerade wenn diese in mehrere Projekte eingebunden sind, kann jedoch schnell zu einer Überlastung führen. Als Folge des Stresses treten gesundheitliche Beschwerden auf und die Mitarbeiter werden langfristig weniger produktiv sein.

Bei der Projektplanung geht es also nicht nur darum, die Ressourcen auf objektive Weise zu optimieren. Wenn es um die Gesundheit der Mitarbeiter geht, müssen auch qualitative Faktoren berücksichtigt werden. Nur wenn genügend Erholungsphasen eingebaut werden, können die Mitarbeiter langfristig eine hohe Leistung abliefern.

Reserven einplanen

Projekte werden häufig von Verzögerungen begleitet. Eine Idee, um die Verzögerungen etwas abzufangen, kann die Berücksichtigung von Zeitreserven sein. Das Einfügen von Zeitreserven bedeutet allerdings, dass das Projekt unter Umständen nicht so schnell fertiggestellt wird, wie es eigentlich vorgesehen war. Im Sinne des magischen Zieldreiecks bedeutet das Einfügen der Zeitreserven, dass sich die Kosten erhöhen und der Kunde möglicherweise mit dem Termin nicht mehr zufrieden ist.

Daher ist das Einfügen der Zeitreserven sehr bewusst durchzuführen. Zu Beginn muss das Projektteam genau planen, wie mit Zeitreserven umgegangen werden soll. Bei der ursprünglichen Schätzung der Dauer der Arbeitspakete werden noch keine Zeitreserven berücksichtigt. Hier werden Normalbedingungen zugrunde gelegt.

Eine Gefahr bei der Berücksichtigung der Zeitreserven liegt in der unbewussten Ausnutzung derer. In der Praxis zeigt sich, dass fest verankerte Zeitreserven meist ausgeschöpft werden. Wird hingegen die Zeitreserve nicht verankert, ist das Team eher danach bestrebt, den ursprünglichen Termin einzuhalten.

Zeitreserven können also unbewusst dazu führen, dass die Arbeiten nicht mehr auf den ursprünglichen Termin fokussiert werden, sondern der Zeitpuffer als neuer Fertigstellungstermin herangezogen wird. Um dieses Phänomen zu umgehen, können verschiedene Maßnahmen durchgeführt werden.

Bei der Schätzung des Zeitaufwandes für die Arbeitspakete soll von Anfang an keine Zeitreserve eingebracht werden. Dadurch wird verhindert, dass der Zeitpuffer zu einer langsameren Arbeitsweise führt.

Um eine produktive Arbeitsweise zu ermöglichen und keinen Bedarf für Zeitreserven zu haben, sollten die wichtigsten Mitarbeiter vollends für das Projekt abgestellt werden. Dadurch werden Sie nicht von anderen Aufgaben abgelenkt und können Ihre gesamte Aufmerksamkeit für das Erfüllen der Arbeitspakete nutzen.

Es sollte zudem klar sein, dass es sich bei dem Zeitaufwand der Arbeitspakete nur um Schätzungen handelt. Schätzungen können niemals 100 prozentig genau sein und kleine Abweichungen müssen hingenommen werden. Aufgrund dieser Erkenntnis müssen die Mitarbeiter keine zusätzlichen Zeitreserven einbauen.

Dem Einfügen von Zeitreserven kommt eine besondere Rolle bei der Risikominimierung zu. Dabei ist nicht nur das Projekt als Gesamtes zu betrachten, sondern es geht auch um die einzelnen Teilprozesse des Projektes. Innerhalb des Projektes gibt es wichtige Meilensteine, die vertraglich mit dem Partner festgehalten wurden.

Um diese Meilensteine nicht zu verfehlen, sollten bestimmte Zeitreserven eingeplant werden, um Unsicherheiten besser abfangen zu können. Die Projektteams haben zudem nicht immer die komplette Kontrolle über den Ablauf des Projektes. Es kann zu Verzögerungen kommen, die von externer Seite herbeigeführt werden.

Dies kann zum Beispiel der Fall sein, wenn eine Genehmigung einer Behörde nicht in der gewünschten Geschwindigkeit erteilt wird und es zu Verzögerungen kommt. Ebenso können Zulieferer die Termine verpassen und für einen gestörten Zeitablauf des Projektes sorgen.

Um diese Ereignisse besser abfedern zu können, sollte in der Planungs- und Durchführungsphase dieses Risiko bereits berücksichtigt werden. Entsprechend der Unsicherheiten können die Zeitpuffer für eine realistische Zeitschätzung sorgen.

Dadurch wird die gesamte Projektlaufzeit zwar verlängert und es ist zu beobachten, dass jedes Team für die Erledigung der Abläufe am liebsten Puffer einbauen würde. Jedoch entspricht dieses Ergebnis eher einem realistischen Ablauf. Es ist bei jedem Projekt davon auszugehen, dass Verzögerungen auftreten.

Diese können sowohl intern, als auch extern ausgelöst worden sein. Dennoch sollten die Zeitpuffer nicht zu großzügig an jede Aufgabe angehangen werden. Es muss weiterhin für eine effiziente Arbeitsweise gesorgt werden und der Endtermin darf durch das Einfügen dieser Zeitpuffer nicht in Gefahr geraten.

Methoden und Tools zur Erstellung des Terminplans

Um den Terminplan zu erstellen wird der Zeitaufwand der einzelnen Arbeitspakete geschätzt. Gleichzeitig muss aber auch die optimale Anordnung der Abläufe durchgeführt werden. Dies kann unter Berücksichtigung der Kalendertermine zu einem erheblichen Aufwand führen. Es muss nicht nur der übliche Kalender mit seinen Feiertagen beachtet werden, sondern auch der Betriebskalender, sowie die persönlichen Kalender. Bei den Mitarbeitern können Arbeitspausen durch Urlaub, Feiertage oder Fortbildungen entstehen.

So können schnell Konflikte entstehen, wenn es darum geht den optimalen Ablauf für die anfallenden Arbeiten zu planen. Dabei muss auf die natürlichen Zyklen Rücksicht genommen werden. Im Sommer fallen mehr Menschen aufgrund des Urlaubs aus und gleiches gilt für die Weihnachtszeit. Um eine harmonische Terminplanung zu erstellen, müssen diese Zeiträume beachtet werden.

Um die Abläufe zu planen, stehen verschiedene Methoden zur Verfügung. Die einfachste Methode besteht in dem Anfertigen von Terminlisten. Diese Listen sind vor allem für kleinere Projekte geeignet. In ihr werden die Aufgaben in einer Tabelle dargestellt und aufgelistet. Die Informationen sind sehr überschaubar. Es werden lediglich die Zeitdauer und Termine eingetragen.

Etwas ausführlicher hingegen sind Balkenpläne. Bei diesen Plänen werden die Balken auf einer Zeitachse dargestellt. Dadurch ist schnell ersichtlich, welche Aufgaben zu welchem Zeitpunkt angefertigt werden müssen. Meilensteine werden gesondert gekennzeichnet und erfahren eine höhere Beachtung. Der Plan hat allerdings noch den Nachteil, dass die Abhängigkeiten unter den Aufgaben nicht ersichtlich sind.

Einen Schritt weiter geht da die Netzplantechnik. Die Netzplantechnik bildet die Aufgaben mit Knoten und Kanten ab. Bei größeren Projekten kann diese Darstellung schnell unübersichtlich werden. Abhilfe schafft moderne Software, die die Netzpläne aufbereiten und für eine bessere Darstellungsweise sorgen.

Ein großer Vorteil der Netzplantechnik ist das Einzeichnen des kritischen Weges. Der kritische Weg zeigt den minimalen erforderlichen Zeitaufwand für ein Projekt an. Würde es also zu keinen Verzögerungen kommen, zeigt der kritische Weg den schnellsten Projektweg auf. Kommt es hingegen zu Verzögerungen in anderen Bereichen des Projektes, ist schnell ersichtlich, ob diese sich auf den finalen Termin auswirken.

Für die Terminplanung bietet es sich an, wenn als Unterstützung eine Softwarelösung genutzt wird. Mit dieser kann die Erstellung eines Terminplanes schneller und vor allem übersichtlicher gelingen. In der Praxis zeigt sich zudem, dass Excel gerne als Allround- Software genommen wird, die auch für die Terminplanung unersetzlich erscheint.

Bei der Erstellung eines Zeitplans mittels Excel kann auf Vorlagen zurückgegriffen werden. Zusätzlich sollte aber der Schulungsbedarf beachtet werden. Denn sowohl die Teamverantwortlichen, als auch die Mitarbeiter sollten sicher im Umgang mit dieser Software sein. Zudem können Lizenzgebühren für die Nutzung der Softwarelösung anfallen.

Wer führt die Terminplanung durch?

Die Schätzung des Zeitaufwandes der Arbeitspakete wird von den beteiligten Teams durchgeführt. Diese haben den größten Überblick über die anfallenden Arbeiten und können am besten abschätzen, wie hoch der tatsächliche Zeitaufwand ist.

Die eigentliche Termin- und Ablaufplanung obliegt dem Projektcontroller. Dieser legt den Ablauf und die Termine anhand der Daten fest, die Ihm von den Vertragspartnern oder der Projektcharter vorgelegt werden. Innerhalb der Projektcharter sind bereits die Meilensteine enthalten, die für den Projektcontroller als weitere Orientierung dienen, um die Anfangs- und Endtermine für die Aufgaben zu definieren.

Alle weiteren Pläne, wie zum Beispiel der Masterterminplan werden unter der Leitung des Projektcontrollers angefertigt. Er spricht sich eng mit dem Projektleiter, dem Systemarchitekten und den Teammitgliedern ab, die die Einschätzung über den Zeitaufwand der Arbeitspakete übernommen haben.

Die Erstellung der Pläne ist meist mit mehreren Iterationsschritten verbunden. Hierzu werden die Pläne in Abstimmung mit den vorher erwähnten Mitgliedern verbessert.

Bei der letztlichen Ausarbeitung der Pläne haben auch die Auftragnehmer und Lieferanten einen wesentlichen Einfluss. Für den Masterterminplan übernimmt der Projektcontroller die verantwortende Rolle.

Es kann aber auch sein, dass die Arbeiten ausgelagert werden. Werden Arbeitspakete von externen Mitarbeitern bearbeitet, gibt es Unterauftragsmanager, die für die Bestimmung des Zeitaufwandes zuständig sind.

Das magische Zieldreieck besitzt im Projektmanagement eine große Rolle. Dieses stellt dar, dass eine Optimierung der Qualität, der Termine und der Kosten vorgenommen werden soll. Oftmals stehen diese drei Faktoren in einem Konflikt zueinander. Kann doch eine Erhöhung der Termintreue für höhere Kosten sorgen.

Im Zusammenhang mit der Qualität beeinflusst die Termintreue dieses Merkmal aber positiv. So wird die Termintreue auch als Qualitätsmerkmal wahrgenommen und wenn die Aufgaben zu den vorgegebenen Zeitpunkten abgeschlossen werden, spricht dies für eine hohe Arbeitsqualität.

Treten hingegen Verzögerungen auf, kann dies einige Nachteile nach sich ziehen. Halten Lieferanten nicht die vereinbarten Termine ein, kann dies zu einem Vertrauensverlust führen. Schließlich liegt dem Liefertermin ein Versprechen zugrunde, welches von beiden Seiten eingehalten werden sollte. Wird eine verspätete Lieferung durchgeführt, spricht dies eher für eine nachlässige Arbeitsweise.

Als Folge kann sich das gesamte Projekt verzögern und den Auftraggeber vor ein Problem stellen. Die Einhaltung des Projekttermins hat vor allem praktische Gründe. Gerade in einem sehr wettbewerbsstarken Markt ist es von großer Bedeutung, dass die Projekte zeitnah fertiggestellt werden. Andernfalls wird die Konkurrenz eher über die innovativen Technologien und Produkte verfügen.

Ob das Projekt im aktuellen Zeitrahmen liegt, kann unter anderem mit der Meilensteinanalyse betrachtet werden. Hierbei werden die wichtigsten Termine und Zeitpunkte bereits zu Beginn des Projektes festgelegt. Diese gelten als fest vertraglich gebundene Zeitpunkte, an denen eine bestimmte Leistung erbracht werden muss.

Ausgehend von den Meilensteinen, wird der Zeitaufwand der einzelnen Arbeitspakete geschätzt. Das Abschätzen sollte von den ausführenden Teams durchgeführt werden. Diese sind am besten mit der Arbeit vertraut und können eine genaue Schätzung durchführen.

Dennoch bestehen bei der Schätzung Unsicherheiten. Erfahrungswerte früherer Projekte können helfen, die Abschätzungen zu präzisieren. Bei sehr komplexen Aufgaben bleibt ein gewisses Restrisiko erhalten.

Hierzu können Zeitreserven eingeplant werden. Die Einplanung der Reserven muss jedoch genau erörtert werden. Andernfalls besteht die Gefahr, dass die Reserven bereits als gegeben angenommen werden und diese Zeitpuffer immer ausgenutzt werden.

Zu einer hohen Projektqualität gehört es also, wenn die Termine eingehalten und der Kunde zu den vereinbarten Zeitpunkten seine Leistungen erhält.

Die Kostenkalkulation

Die Projektkalkulation

Nachdem bereits die Qualität und die Termine innerhalb des Projektes erläutert wurden, folgt nun das dritte Merkmal des magischen Zieldreiecks. Die Kosten sind ein bestimmender Faktor für das Projekt und diese geben an, ob die Projektdurchführung tatsächlich wirtschaftlich ist.

Die Kosten haben einen wesentlichen Einfluss auf die Qualität und ob die Termine eingehalten werden können. Steht in Aussicht, dass terminliche Verzögerungen auftreten, können diese mit höheren finanziellen Mitteln etwas abgefangen werden.

Bei den Kosten des Projektes werden vor allem die einzelnen Arbeitspakete betrachtet und deren Kosten abgeschätzt. Nach Betrachtung aller Arbeitspakete kann ein komplettes Projektbudget beschlossen werden. Dieses dient als Baseline und ist eine wichtige Vorgabe für das gesamte Projekt.

Die Projektkalkulation ist geprägt von verschiedenen Begriffen, die in diesem Zusammenhang genutzt werden. Damit die Kosten eines Projektes möglichst genau geschätzt werden können, müssen verschiedene Sachverhalte betrachtet werden.

Die Kosten hängen wesentlich mit dem Aufwand zusammen. Aufwand entsteht unter anderem, wenn Ressourcen genutzt werden oder Personal eingesetzt wird. Das Projektmanagement versteht unter dem Aufwand den Verbrauch von Geld- oder Einsatzmitteln. Dies bezieht also alle Ressourcen ein, die für die Erledigung der Aufgaben notwendig sind und nicht nur die finanziellen Mittel.

Die Projektkalkulation wird als Ermittlung der kostenwirksamen Projektleistungen beschrieben. Dies wird in der DIN 69901-5 festgehalten.

Wie sich die Kosten des Projektes zusammensetzen, wird in dem Kostenplan dargestellt. Der Kostenplan enthält alle anfallenden Kosten und stellt ebenso den Verlauf dar. So kann zu jedem Zeitpunkt geklärt werden, wie hoch die Kosten des Projektes sein werden. Der Kostenplan dient als Grundlage für das Budget, welches zur Verfügung gestellt wird. Die Plankosten müssen von der Leitung genehmigt werden.

Von externer Seite wird durch den internen Auftraggeber das Projektbudget genehmigt. Das Budget stellt die Gesamtheit der finanziellen Mittel dar, die für das Projekt zur Verfügung stehen. Es wird in Zeitperioden und Arbeitspaketen unterteilt. So kann detailliert aufgeführt werden, wann und weshalb die Kosten anfallen. Zudem findet noch eine Unterteilung in Kostenarten und Kostenstellen statt. Dieses Budget dient dem Kostencontrolling als Kontroll- und Steuerungsgröße im Projekt.

Ähnlich wie bei der Terminierung gibt es auch bei den Kosten große Unsicherheiten. Diese werden zu Beginn des Projektes abgeschätzt. Wie realistisch diese Schätzungen sind, hängt von der Qualifikation der Mitarbeiter und den Erfahrungswerten ab. Je komplexer ein Projekt ist, desto schwieriger gestaltet sich die Schätzung.

Daher werden Risikozuschläge und andere Reserven hinzugefügt. Diese Zulagen werden gesondert in den Projektkosten vermerkt und ausgewiesen. Die Reserven werden sowohl auf Managementebene, als auch bei den Arbeitspaketen gebildet.

Mit diesen Reserven können Risiken abgefangen werden, die während des Projektes auftauchen. Dies können zum Beispiel Lieferschwierigkeiten eines Vertragspartners sein oder wenn zusätzliche Maschinen oder Personal benötigt wird. Die finanziellen Mittel haben also einen wesentlichen Einfluss auf die Termintreue und Qualität eines Projektes.

Weshalb wird der Aufwand geschätzt?

Die Kalkulation der Projektkosten hat vorrangig den Nutzen, um die Wirtschaftlichkeit zu bestimmen. Anhand der Projektkosten können andere Preise bestimmt werden.

Dazu zählen zum Beispiel die Projektpreise, falls ein Projekt für einen externen Kunden durchgeführt wird. Das interne Budget dient als Anhaltspunkt dafür, wie teuer das Projekt wird und danach kann eine Gewinnmarge auf die Kalkulation aufgeschlagen werden.

Wie bei jeder Tätigkeit im Projekt soll eine hohe Effizienz gewährleistet werden. Verschwendung von Ressourcen oder Zeit sind in jedem Fall zu vermeiden. Durch die Projektkalkulation kann die Effizienz ständig überprüft werden. Durch den Vergleich der Soll- und Ist-Werte kann abgelesen werden, inwiefern die Vorgaben eingehalten werden.

Neben der Effizienz ist auch die Effektivität des Projektes ein wichtiger Richtwert. Dieser gibt an, wie hoch die Wertschöpfung durch das Projekt ist. Indem die Kosten und der Aufwand abgeschätzt werden, besteht zumindest eine Grundlage, um die Basiswertschöpfung anzugeben.

Projekte können aus verschiedenen Gründen forciert werden. Unternehmensberatungen sehen die Ausführung von Projekten in erster Linie als Einnahmequelle. Für sie beruht die Durchführung von Projekten auf wirtschaftlichen Entscheidungen. Damit die Projekte wirtschaftlich sind und einen Gewinn für die Unternehmensberatung darstellen, müssen die Kosten genau kalkuliert werden. Werden die Kosten weitestgehend eingehalten, bleibt ein Gewinn für die Unternehmensberatung übrig.

Durch die Einhaltung der Kosten entsteht zudem eine höhere Kundenzufriedenheit. So haben die Kosten und deren Kalkulation in gewissermaßen auch einen Einfluss auf die Qualität. Weicht hingegen die Kalkulation stark von den tatsächlichen Kosten ab, resultiert dies in einer niedrigeren Qualität.

Bei Einhaltung des Kostenrahmens entsteht eine bessere Kundenbindung und gegenüber der Konkurrenz auf dem Markt kann ein Kostenvorteil entstehen. Letztlich muss immer beachtet werden, dass der Auftraggeber das Projekt als Investition sieht. Die finanziellen Mittel, die er bereitstellt sollen immer durch einen Mehrwert gerechtfertigt sein, welcher durch das Projekt entsteht. Übersteigen die Projektkosten den Mehrwert, war die Investition nicht sonderlich erfolgreich.

Projekte können sowohl unternehmensintern, als auch für externe Auftraggeber durchgeführt werden. Bei unternehmensinternen Projekten wird von der Unternehmensleitung nach Kalkulation der Kosten ein Budget zur Verfügung gestellt. Dieses Budget sollte bei einer effizienten Arbeitsweise eingehalten werden.

Wird das Projekt für einen externen Kunden oder Auftraggeber durchgeführt, müssen Projektpreise kalkuliert werden. Für die Durchführung von Projekten bieten sich mittlerweile sehr viele Unternehmen auf dem Markt an. Der Konkurrenzdruck steigt und die Auftraggeber haben meist schon eine gewisse Preisvorstellung.

Für das Unternehmen, welches das Projekt durchführen soll, dient die Aufwands- und Kostenplanung als erster Hinweis dafür, ob die Preisvorstellung des Auftraggebers realistisch ist. Die Kostenplanung stellt eine Preisuntergrenze dar. Der

Projektpreis sollte in jedem Fall mindestens die eigenen Kosten decken.

Heutzutage sind die Anforderungen an die Schätzung des Aufwandes und der Kosten sehr hoch. Der Konkurrenzdruck führt dazu, dass Preise sehr weit nach unten gedrückt werden. Die Kalkulation muss daher schon sehr genau und detailliert erfolgen. Andernfalls führt eine Fehlkalkulation dazu, dass entweder der Auftraggeber sich für einen Mitbewerber entscheidet oder dass die Kosten den Projektpreis übersteigen.

Kunden erwarten oftmals, dass diese Kalkulationen offengelegt werden. Wird die Kalkulation preisgegeben, ist die Einplanung von Risikozuschlägen nicht immer möglich. Schließlich geht der Auftraggeber davon aus, dass die Planungen zuverlässig sind und es zu keinen Problemen kommt.

Mit der Projekteffizienz wird angegeben, ob es gelingt im geplanten Kostenrahmen zu bleiben. Hierzu werden ständig Soll-Ist-Vergleiche durchgeführt. Gleichzeitig werden auch Abschätzungen über die zukünftigen Kosten ausgeführt. Vielleicht ergeben neue Erkenntnisse einen neuen Wissensstand und die Kostenplanung muss etwas überarbeitet werden.

Die Kostenplanung hat nicht nur einen Einfluss auf das derzeitige Projekt. Die Projektplanung hat auch einen wesentlichen Einfluss auf die Kosten des Produktlebenszyklus. Durch das Projekt wird bereits ein Großteil der Kosten im Produktlebenszyklus festgelegt. Bis zu 80 Prozent der weiteren Kosten hängen von den

Planungen im Projekt ab. Im Projekt wird beispielsweise festgelegt, wie aufwendig die Wartung sein wird und wie hoch die Kosten für die Entsorgung sein werden.

Da die Kosten des Produktlebenszyklus für den Kunden von großer Bedeutung sind, müssen diese bei der Kostenplanung berücksichtigt werden. Schließlich entscheiden diese Kosten darüber, wie erfolgreich sich das Produkt am Markt gegenüber der Konkurrenz durchsetzen kann. Diese Überlegungen finden im Rahmen des "Life Cycle Costing" statt.

Die Projekteffektivität gibt die Antwort darauf, wie hoch der Wertbeitrag des Projektes ist. Dabei werden ökonomische Beurteilungen durchgeführt, die wirtschaftlichen Folgen des Projektes betrachten.

Die Auswahl der Projekte hängt wesentlich vom Wertbeitrag ab. Hat das Unternehmen mehrere Projekte zur Auswahl und muss sich für eines entscheiden, wählt es dieses aus, welches den höchsten Mehrwert bietet. Dabei wird vor allem eine strategische Betrachtungsweise durchgeführt. Die Projekte gelten als langfristige Investition in die Zukunft.

Steht bei dem Projekt die Entwicklung eines neuen Produktes im Mittelpunkt, sind die späteren Kosten des Produktes wesentlich für den Produkterfolg. Der Kunde wird bereit sein, einen bestimmten Preis für das Produkt zu zahlen. Diese Bereitschaft wird im Vorfeld durch das Marketing abgeklärt und geschätzt.

Wurde die Preisbereitschaft des Kunden ermittelt, ist es nun die Aufgabe des "Target Costing", dass die Kosten sich in solch einem Rahmen befinden, dass der gewünschte

Zielpreis am Markt eingehalten werden kann. Der Kunde wird bereit sein, zum Beispiel einen bestimmten Preis für ein Automobil zu bezahlen. Übersteigt der Preis die Vorstellung des Kunden, wird das Produkt nur einen schlechten Absatz am Markt erzielen.

Während der Projektplanung haben die langfristigen Kosten und Preise des Projektergebnisses, also einen großen Einfluss. Diese beiden Faktoren müssen berücksichtigt werden, um ein wirtschaftlich erfolgreiches Projekt durchzuführen.

Im Rahmen der integrierten Projektkostenplanung werden die unterschiedlichen Aspekte zusammengeführt. Hier werden nun die langfristigen Kosten des Produktes und der Projektpreis gemeinsam dargestellt. Die ganzheitliche Projektkostenplanung ist jetzt Ausgangspunkt für die Kontrolle und Steuerung der Projektkosten.

Wie werden die Kosten abgeschätzt?

Die Abschätzung der Kosten ist ähnlich komplex, wie das Abschätzen der Zeitaufwände. Die Einschätzung der Kosten hat jedoch direkte Auswirkungen auf die Folgekosten. Während Terminverzüge nicht immer mit höheren Kosten verbunden sind, ist dies bei der Kostenplanung anders. Daher ist eine besonders genaue Abschätzung notwendig, um den wirtschaftlichen Mehrwert dieser Investition zu garantieren.

Ein Hauptaugenmerk bei der Kostenplanung wird auf die Personenstunden gelegt. Diese geben den personellen Aufwand an, der für das Verwirklichen des Projektes notwendig ist. Das Abschätzen des personellen Aufwandes ist jedoch aufgrund der Neuartigkeit des Projektes mit einigen Unsicherheiten verbunden.

Um die Kosten besser einschätzen zu können, werden verschiedene Abläufe durchgeführt. Im Wesentlichen werden zwei Schritte durchgeführt, die zusammen zu einem ersten Ergebnis des Kostenplans führen.

Die Einschätzung der Kosten kann von oben herab erfolgen. Diese Methodik ist vor Beginn des Projektes noch sehr ungenau. Die Kosten nehmen erst im weiteren Verlauf eine genauere Form an. Zu Beginn können mathematische Erfahrungswerte helfen, um die Kosten zu bestimmen.

Handelt es sich bei dem Projekt um den Bau eines Gebäudes, können die Kosten zum Beispiel anhand der Grundfläche abgeschätzt werden. Für eine etwas genauere Schätzung werden verschiedene Parameter genutzt, die einen Einfluss auf den Kostenrahmen haben.

Wurden die Gesamtkosten anhand dieser gröberen Abschätzung erfasst, werden diese auf die unteren Ebenen verteilt. Nach und nach werden die Kosten der einzelnen Phasen und Teilaufgaben bestimmt, indem immer ein gewisser Anteil der höher gelegenen Kosten unterteilt wird. So werden im Endeffekt auch die Kosten der Arbeitspakete bestimmt. Nicht nur die Kosten des Projektes, sondern auch die Kosten, die durch das Management entstehen, müssen in dieser Kalkulation berücksichtigt werden. Im Allgemeinen wird für das Management ein Kostenanteil von 7 bis 12 Prozent eingeplant. Dies hängt von der Komplexität des Projektes ab.

Ein Ziel sollte aber sein, dass die Kosten für das Management möglichst geringgehalten werden. Schließlich sollen die finanziellen Mittel hauptsächlich zur Erreichung des Projektergebnisses eingesetzt werden. Fallen sehr hohe Managementkosten an, ist dies nur schwer gegenüber dem Kunden zu rechtfertigen.

Diese erste Kalkulation berücksichtigt die Preisvorstellung des Kunden und welche Gewinnmarge erreicht werden soll.

Die zweite Stufe, die für die Kalkulation der Kosten wesentlich ist, ist die umgekehrte Betrachtungsweise. Anstatt die Gesamtkosten von oben zu betrachten, werden nun die Kosten der einzelnen Arbeitspakete geschätzt. Die Arbeitspakete wurden bereits im Projektstrukturplan definiert. Deren Zeitaufwand ist zudem im Terminplan festgehalten worden.

Indem die Kosten der Arbeitspakete geschätzt werden, wird die Gesamtgenauigkeit der Kostenplanung erhöht. Diese Schätzung findet im Rahmen einer Schätzklausur während der Planungsphase statt.

Jedem Arbeitspaket wird hierbei ein Aufwand zugeteilt. Hierfür ist es hilfreich, wenn der Arbeitspaketverantwortliche seine persönliche Einschätzung ebenfalls darlegt. Dadurch wird eine genauere Schätzung erreicht.

Bei der Schätzung der Kosten für die Arbeitspakete werden nicht nur die Kosten des Personalaufwandes berücksichtigt. Werden Materialien extern eingekauft, müssen diese bei der Kostenplanung zu diesem Zeitpunkt ebenfalls einbezogen werden.

Die Kosten des Bottom-Up-Verfahrens werden im Projektstrukturplan festgehalten und die Gesamtkosten können ausgehend von den Arbeitspaketen ermittelt werden. Die Praxis zeigt, dass der Aufwand des Bottom-Up-Verfahrens in den meisten Fällen die Betrachtung von oben überschreitet.

Dies bedeutet konkret, dass nach der Betrachtung der anfallenden Kosten für die Arbeitspakete, die Vorstellungen des Kunden nicht eingehalten werden können. Um doch noch eine gemeinsame Kostenstruktur aufzustellen, beginnen Verhandlungen mit dem Management, dem Kunden und den Arbeitspaketverantwortlichen.

Diese versuchen sich in mehreren Schritten anzunähern und eine Einigung zu erzielen. Dabei muss überprüft werden, inwieweit Kosten reduziert werden können. Auch die Anpassung des Projektumfanges kann bei dieser Diskussion ein Thema sein. Möglicherweise bestehen bei der Vergabe der Termine noch Spielräume, sodass auf diese Weise Kosten reduziert werden können.

Die Kosten für das Projekt und die einzelnen Arbeitspakete müssen genehmigt werden. Wurde eine Einigung erzielt, stellt dies das Budget des Projektes dar.

Die verschiedenen Schätzmethoden

Die vorgestellten Verfahren von oben unter unten sollten in jedem Projekt angewandt werden, um ein möglichst genaues Ergebnis der Kostenstruktur zu erhalten. Darüber hinaus gibt es noch weitere Methoden, die für die Schätzung der Kosten angewandt werden können.

Da die Kosten zu Beginn des Projektes noch mit hohen Unsicherheiten behaftet sind, sollte eine Expertenschätzung durchgeführt werden. Hierbei wird auf die Erfahrung von Experten zurückgegriffen. Verfügen der Projektleiter und die Arbeitspaketverantwortlichen über genügend Erfahrung, können sie die Kosten bereits möglichst zuverlässig abschätzen.

Falls aber nur eine Person für die Schätzung des Arbeitspaketes zurate gezogen wird, kann dies mit einem größeren Risiko verbunden sein. Besser ist es, wenn die Schätzung von mehreren Personen durchgeführt wird. Dadurch können die Abweichungen minimiert werden und es ergibt sich ein besseres Bild.

Diese Erfahrungen werden im Rahmen einer Schätzklausur ausgetauscht. Als Basis dieser Beratungen dient der Projektstrukturplan. Gemeinsam wird eine Abschätzung durch die Experten vorgenommen. Für die Durchführung der Schätzklausur ist eine Vor- und Nachbereitung erforderlich. Es müssen alle verantwortlichen Personen zusammenkommen und ein gemeinsames Ergebnis vorlegen. Daher ist mit dieser Methode ein gewisser organisatorischer Aufwand verbunden.

Damit die Schätzklausur durchgeführt werden kann, muss der Projektstrukturplan mit seinen Arbeitspaketen vorliegen. Anhand des Projektstrukturplans werden die Kosten geschätzt.

Die Teilnehmer der Schätzklausur werden als Experten auf den jeweiligen Gebieten angesehen. Es treffen sich sowohl die Projektleitung, als auch die Experten unter den

Projektteammitgliedern. Reicht die Expertise für eine genaue Einschätzung nicht aus, können auch externe Spezialisten einbezogen werden. Bei der Schätzklausur ist es von Vorteil, wenn ein neutraler Moderator anwesend ist, der die Diskussion leitet.

Damit die Schätzklausur durchgeführt werden kann, muss eine Vorbereitung stattfinden. Es müssen die entsprechenden Verantwortlichen eingeladen und das Arbeitsmaterial bereitgestellt werden. Die Arbeitsatmosphäre sollte möglichst ungestört sein, sodass die Personen sich vollständig auf die Arbeit in der Gruppe konzentrieren können. Wichtig ist zudem, dass der Projektstrukturplan mit all seinen Arbeitspaketen bereits vollständig vorliegt und genutzt werden kann.

Wurde die Schätzklausur abgeschlossen, muss eine Dokumentation der Ergebnisse erfolgen. Diese werden den Teilnehmern bereitgestellt.

Eine Alternative zu der Schätzklausur ist die Anwendung mathematischer Gleichungen und Formeln. Hierbei kann zwischen der Multiplikator Methode und der parametrischen Methode unterschieden werden.

Bei der Multiplikator Methode wird der Aufwand durch vorhandene Erfahrungswerte abgeschätzt. So ist es möglich, dass das Projektergebnis anhand der Größe oder anderen Produktmerkmalen quantifiziert wird. Dies ist zum Beispiel beim Bau eines Hauses noch relativ gut möglich. Hier kann die Wohnfläche oder der Wohnraum in Kubikmeter erste Hinweise darauf liefern, mit welchen Kosten gerechnet werden muss.

Liegen bereits Erfahrungen aus ähnlichen Projekten vor, können diese Erfahrungen in die neue Abschätzung einfließen. Verändert sich die Größe des Wohnraums, kann dies ausgehend vom alten Erfahrungswert hochgerechnet werden.

Solche Abschätzungen können nicht nur in Bauprojekten durchgeführt werden. Es ist auch bei technischen Produkten möglich, solche Einschätzungen vorzunehmen. Hierbei werden aber andere Produktmerkmale zugrunde gelegt. Für einen Fernseher kann dies zum Beispiel die Bilddiagonale sein. Auch das Gewicht kann bei einigen Produkten der ausschlaggebende Faktor sein.

Dennoch muss natürlich beachtet werden, dass es einige weitere Faktoren gibt, die einen Einfluss auf die Kosten ausüben. So ist für den Bau eines Hauses nicht nur die Wohnfläche entscheidend, sondern auch die Ausführung und welche Anforderungen an das Haus gestellt werden.

Zudem besteht nicht immer ein linearer Zusammenhang zwischen den Kosten und der Variable. Daher handelt es sich nur um eine sehr grobe Abschätzung. Je ähnlicher die bisherigen Projekte waren, dessen Erfahrungswerte genutzt werden, desto genauer kann die Abschätzung erfolgen.

Beim Bau des Hauses ist die Wohnfläche nur ein Faktor, der bei der Kostenkalkulation berücksichtigt wurde. Neben der reinen Fläche gibt es weitere Faktoren, die in der parametrischen Methode einfließen. Gerade bei sehr umfangreichen und komplexen Projekten ist es hilfreich, wenn mehrere Faktoren einbezogen werden.

Der Einfluss der Faktoren wird mit einer Regressionsanalyse untersucht. Hierbei ist nicht nur der Einfluss auf die Gesamtkosten wichtig, sondern wie die Faktoren sich gegenseitig beeinflussen.

Diese Art der Kostenkalkulation ist aber nur möglich, wenn umfangreiche Daten vorhanden sind. Dies ist nur in bestimmten Branchen der Fall. Bei Bauprojekten und in der Luft- und Raumfahrt wird diese komplexe Methode unter anderem genutzt.

In diesen Branchen ist diese Kalkulation in der Angebotsphase wichtig, um einen ersten Überblick über die zu erwartenden Kosten zu erhalten.

Allerdings ist diese Methode sehr aufwendig und wie bereits beschrieben, nicht in jeder Branche möglich. Geht es um besonders innovative Projekte, zu denen keine brauchbaren Daten vorliegen, bleibt die Expertenschätzung die einzige Möglichkeit, um die Kosten abschätzen zu können.

Genauere Planung der Projektkosten

Die erste Basis für die Kalkulation der Kosten stellen die Personenstunden und die Materialmengen dar. Aus der Kombination dieser beiden Faktoren können die ersten Kosten ungefähr abgeschätzt werden.

Ähnlich wie bei der Terminplanung müssen aber auch bei der Kostenplanung bestimmte Risiken und mögliche Abweichungen berücksichtigt werden.

Daher findet eine Unterscheidung in Plankosten und Risikozuschlägen statt. Diese Arbeit erfolgt zusammen mit dem betrieblichen Rechnungswesen. Bei Projekten muss eine ähnliche Differenzierung der Kosten erfolgen, wie dies bei der Betriebsführung üblich ist.

Hierzu findet eine Unterteilung der Kostenarten statt. Diese können zum Beispiel in Personalkosten, Materialkosten und Betriebsmittelkosten kategorisiert werden. Die detaillierte Unterscheidung hängt vom Projekt und der Kostenstruktur ab. Sie kann relativ frei gewählt werden.

Neben den Kostenarten soll ein Überblick darüber entstehen, wo die Kosten anfallen. Hierfür gibt es verschiedenen Kostenstellen. Die Kostenstellen werden in der Regel nach den Verantwortungsbereichen gestaltet. Damit wird die Frage beantwortet, wo die Kosten entstehen.

Zuletzt muss noch die Frage erläutert werden, wofür die Kosten entstehen. Antwort darauf geben die Kostenträger.

Eine Unterscheidung muss zudem zwischen den direkten und indirekten Kosten vorgenommen werden. Hilfreich ist hierfür, dass der Projektstrukturplan schon möglichst detailliert ausgestaltet wurde. Je genauer dieser ist, desto besser können die Kosten abgeschätzt und zugerechnet werden.

Der Umfang der indirekten oder direkten Kosten ist sowohl von dem Projekt, als auch von dem Umfeld des Unternehmens abhängig. Hier sind insbesondere die Nettoarbeitszeiten ein wichtiger Indikator.

Kosten, die direkt dem Projekt zugeordnet werden können, sind unter anderem Berater, die direkt für das Projekt eingeteilt sind. Sie verwenden ihre Arbeitskraft darauf, das Projektziel zu erreichen. Neben den Beratern gibt es aber noch eine Reihe von anderen Kosten die entstehen und nicht direkt dem Projekt zugeordnet werden können. Dies sind zum Beispiel Sekretariatsaufgaben oder der Computersupport. Hier fallen also vor allem Kosten an, die für die Aufrechterhaltung der Infrastruktur des Unternehmens wichtig sind. Diese Kosten sind nicht direkt dem Projekt zuzuordnen, können aber auf dieses umgelegt werden.

Auftraggeber fordern heutzutage eine möglichst hohe Transparenz bei der Kostenkalkulation. Öffentliche Auftraggeber gehen sogar so weit, dass die Selbstkosten aufgezeigt werden müssen. Damit wird direkt ersichtlich, mit welchen Zuschlägen kalkuliert wird. Dementsprechend wird es schwieriger, hohe Zuschläge auf die Kosten zu addieren, da diese gegenüber dem Auftraggeber nur schwer vermittelbar sind.

An einigen Stellen ist bereits sichtbar geworden, dass Projekte über Risiken verfügen. Diese müssen auch bei der Kostenplanung berücksichtigt werden. Bei der Kostenschätzung der Arbeitspakete wird noch unter Normalbedingung kalkuliert. Risikozuschläge sind dort also nicht vorhanden.

Die Risiken, die im Risikoregister beschrieben sind, können dennoch den Arbeitspaketen zugerechnet werden. Dies findet in der Arbeitspaketbeschreibung statt.

Es kann auch gesondert ein Risikobudget für die Arbeitspakete bereitgestellt werden. Wird dieses Budget nicht abgerufen, wird es dem Gesamtbudget wieder zugeführt.

Eine sehr grobe Risikozulage kann auch durch eine Managementreserve erhoben werden. Hier kann eine Zulage in Abhängigkeit des Gesamtbudgets erfolgen. Dieser prozentuale Aufschlag ist zur Abdeckung sämtlicher unvorhergesehener Probleme gedacht, die bisher noch nicht berücksichtigt wurden.

Da die Situation am Markt sich immer mehr verschärft und der Konkurrenzdruck höher wird, ist das Ausweisen der Risikozuschläge nur in geringem Ausmaß möglich.

Der Kosten- und Terminplan

Die Kosten- und Terminplanung innerhalb eines Projektes stehen in einem engen Verhältnis zueinander. Beim Kostenplan werden verschiedene Schätzungen und Kosten aufgestellt.

Es werden die Kosten für jedes Arbeitspaket kalkuliert. Bei der Kalkulation werden die Kostenarten beschrieben, die bei dem Arbeitspaket anfallen.

Daraus entsteht die Summe der Kosten pro Arbeitspaket. Es kann genau nachvollzogen werden, wie hoch die Kosten für jedes Arbeitspaket sind.

Des Weiteren kann durch die Summe der Kosten pro Kostenart auch nachvollzogen werden, wo die Kosten anfallen.

Aus der Kombination des Terminplans mit dem Kostenplan entsteht das Projektbudget. Das Projektbudget wird nicht als feste Größe genommen, sondern in einem Zeitverlauf dargestellt. Der Terminplan gilt hierbei als wichtige Grundlage, um den zeitlichen Verlauf darzustellen.

Wie die Kosten verteilt werden, hängt von den Entscheidungen des Projektleiters ab. Dieser kann die Kosten für die Arbeitspakete proportional zu deren Dauer aufteilen oder die Kosten jeweils zu Beginn oder Ende berechnen. Indem die Arbeitspakete im Terminplan fixiert sind, ist der Zahlungsmittelfluss sehr gut abzubilden.

Bei der Kostenplanung gibt es ebenfalls eine Art von Meilensteine, die zur Kontrolle dienen. Diese werden als Kostensummenlinie bezeichnet. Zu diesen Zeitpunkten können die Plankosten mit den tatsächlich angefallenen Kosten verglichen werden.

Inwiefern die Finanzierung erfolgt, ist vom Auftraggeber und den Stakeholdern abhängig. Diese können in Vorleistung gehen und schon einen großen Anteil des Budgets zu Beginn zur Verfügung stellen oder Sie halten sich an vorgegebene Zahlungsmeilensteine.

Der Auftraggeber übernimmt hierbei in den meisten Fällen Teilzahlungen, die dem Projekt zur Verfügung stehen. Im welchem Maß die Vorfinanzierung notwendig ist und wann die Zahlungen zu erfolgen haben, kann auf Grundlage der Ausgaben geschehen. Für den Auftraggeber ist es von Vorteil, wenn dieser nur so viel Geld zur Verfügung stellt, wie tatsächlich im Projekt benötigt wird.

Andernfalls würde Kapital gebunden werden, das für andere Zwecke besser verwendet werden könnte. Dennoch sollte die Finanzierung des Projektes nicht in Gefahr geraten, da dadurch die Termine nicht eingehalten werden könnten.

Wer führt die Kostenplanung durch?

Die Kostenplanung gilt als eine der zentralen Aufgaben des Projektcontrollers. Dieser stimmt das Budget in Zusammenarbeit mit dem Projektleiter und dem Auftraggeber ab.

Für die Kalkulation ist es hilfreich, wenn Verrechnungssätze verwendet werden. Über die Verrechnungssätze können zum Beispiel die Gemeinkosten aufgeschlüsselt werden, die auf das Projekt umgelegt werden. Diese Daten werden vom betrieblichen Rechnungswesen bereitgestellt. Sie stellen damit einen der wenigen Werte dar, die nicht durch eine Schätzung zustande kommen, sondern sehr genau berechnet werden können.

Schätzungen spielen für die Kalkulation der Arbeitspakete eine wichtige Rolle. Diese Aufgaben werden von den Arbeitspaketverantwortlichen ausgeführt. Da nicht immer Erfahrungswerte vorhanden sind, ist die Expertise des Arbeitspaketverantwortlichen für eine genaue Abschätzung sehr bedeutsam. Dieser muss einen guten Überblick über die anfallenden Kosten haben und wie hoch der letztliche Arbeitsaufwand sein wird. Gerade die Personalkosten haben einen großen Einfluss auf die Kosten der Arbeitspakete.

Weiterhin verantwortlich für die Kostenplanung sind die externen Verantwortlichen. Auftraggeber und Stakeholder müssen mit der Budgetplanung und dem Projektpreis übereinstimmen. Diese beschreiben wichtige Kennzahlen, die auf dem Markt angewandt werden.

Die Erstellung des Projektbudgets wird in mehreren Verbesserungsschritten durchgeführt. Ähnlich wie bei der

Qualitäts- oder der Terminplanung sollte das Ziel sein, eine möglichst genaue Kostenkalkulation zu erreichen. Diese soll nicht nur realistisch sein, sondern auch die Beteiligten zufriedenstellen.

Damit gehört die Kostenplanung zu einer der zentralen Aufgaben in der Planungsphase. Diese wird durch die Projektleitung übernommen und es wird Wert daraufgelegt, dass das magische Zieldreieck des Projektmanagements eingehalten wird.

An der Kostenplanung zeigt sich, wie eng die drei Faktoren der Qualität, Termintreue und Kosten miteinander verbunden sind. Höhere Kosten entstehen zum Beispiel, weil die Qualität nicht den Wünschen entspricht oder weil die Prozesse angepasst werden müssen.

Werden Termine nicht eingehalten, hat dies ebenfalls Auswirkungen auf die Kosten. Das Projekt könnte sich verzögern und damit der Personalaufwand steigt.

Ob ein Projekt überhaupt sinnvoll ist, entscheidet sich an dem Mehrwert, dass durch das Projekt generiert wird. Dies wird im Zusammenhang mit den Kosten auch als Projekteffektivität bezeichnet. Dieser Idee liegt zugrunde, dass jede Tätigkeit im Projekt einen Mehrwert erzeugen sollte.

Dieser Mehrwert zeigt sich nicht nur direkt im Projekt oder an dessen Ergebnis. Es geht hierbei vor allem um eine langfristige, strategische Betrachtung. So kann der Mehrwert auch erst in mehreren Jahren realisiert werden und bis dahin muss das Projekt noch nicht gewinnbringend gewesen sein.

Bei der Betrachtung der Kosten sind nicht nur die direkten Kosten des Projektes zu betrachten. Auch die anschließenden Kosten des Produktlebenszyklus müssen schon in der Planungs- und Designphase berücksichtigt werden. Geht es bei dem Projekt vorrangig um die Entwicklung eines neuen Produktes, muss dieses in einem bestimmten Preisrahmen bleiben, um sich am Markt etablieren zu können.

Für Unternehmen, die sich auf die Durchführung von Projekten spezialisiert haben, wie zum Beispiel Unternehmensberatungen, stellt die Kostenplanung eine wichtige Aktivität während der Angebotsphase dar. Anhand der Kosten kann der Projektpreis kalkuliert werden, zu welchem der Auftraggeber das Projekt vergibt.

Durch den zunehmenden Konkurrenzdruck wird es zudem immer schwieriger Risikoaufschläge zu vermitteln. Die Auftraggeber gehen im Wesentlichen davon aus, dass die Risiken vom Projektnehmer getragen werden und möchte die Risikoaufschläge nicht selber bezahlen.

Die eigentliche Kostenermittlung erfolgt durch die Schätzung von Experten. Diese finden sich zu einer Schätzklausur zusammen, bei der die Arbeitspaketverantwortlichen und der Projektleiter anwesend sind. Im Rahmen dieser Diskussion erfolgt eine Schätzung der Kosten. Verfügen die Verantwortlichen nicht über die notwendigen Erfahrungswerte, können auch externe Experten einbezogen werden.

Genauer ist es hingegen, wenn anhand von Variablen die Kosten geschätzt werden können. Dies kann der Fall sein, wenn Datenbanken mit Einflussfaktoren vorhanden sind. Solch eine genaue Schätzung ist aber nur in bestimmten Branchen möglich. Bei der Baubranche oder der Luft- und Raumfahrtindustrie können solche Berechnungen zuweilen durchgeführt werden.

Letztlich trifft der Auftraggeber die Entscheidung, ob er mit dem Kostenbudget einverstanden ist und das Projekt zu diesen Kosten vergeben möchte.

Projekte lenken und steuern
Das Änderungsmanagement

Nachdem die Planungsphase überwunden ist, geht es jetzt an die Durchführung des Projektes. Nicht immer gehen die Planungen so auf, dass das Projekt ohne Änderungen vonstattengehen kann.

Ursachen, die ein Änderungsmanagement notwendig werden lassen, sind zum Beispiel die mangelnde Abstimmung zwischen den Schnittstellen. In der Folge können Fehler bei der Konfiguration der Produktkomponenten entstehen. So kann es sein, dass diese nicht miteinander kompatibel sind und geändert werden müssen.

Das Änderungsmanagement wird auch dann immer eingesetzt, wenn Änderungen zwar durchgeführt werden sollen, aber nicht geklärt wurde, wer die Kosten übernimmt.

Es kann auch vorkommen, dass der Auftraggeber laufend kleine Veränderungen am Projekt verlangt. Die Veränderungen mögen zunächst noch sehr gering wirken. Durch die Vielzahl der Änderungen kann es aber dazu kommen, dass diese eine große Auswirkung auf das Projekt haben. Die Kosten können langsam ansteigen und die Termine werden schwieriger zu halten sein. Das Änderungsmanagement ist dafür zuständig, dieses Verhalten von Anfang an zu unterbinden. Jegliche Änderungen, auch wenn diese nur in sehr geringem Ausmaß vorhanden sind, müssen mit dem Änderungsmanagement koordiniert werden.

Ein weiteres Problem, wenn das Änderungsmanagement missachtet wird, ist das Nichtbeachten von Terminverschiebungen. Ebenso wie bei der Frage nach kleinen Änderungen können auch minimale Terminverzüge eine große Auswirkung haben. So können nachgelagerte Aufgaben nicht mehr termingerecht abgeschlossen werden. Das Änderungsmanagement muss bei einer Verzögerung im Projektfortschritt in Kenntnis gesetzt werden. Daraufhin kann entschieden werden, ob und welche Maßnahmen ergriffen werden.

Das Änderungsmanagement ist dafür zuständig, dass Probleme vermieden werden. Es agiert als Schnittstelle zwischen dem Projektmanagement und den einzelnen Teams, die an den Arbeitspaketen arbeiten.

Eine Sonderposition nimmt das Konfigurationsmanagement ein. Dieses ist dafür zuständig, die Anforderungen an das Qualitätsmanagementsystem umzusetzen. Es arbeitet sehr nah am Produkt und stellt vor allem sicher, dass die physischen und funktionellen Anforderungen dokumentiert werden. Die Dokumentation ist während allen Phasen des Produktlebenszyklus weiterhin verfügbar.

Dies spielt für die Produkthaftung eine wichtige Rolle. Ursprünglich war das Konfigurationsmanagement hauptsächlich dafür verantwortlich, begleitende Liefergegenstände zu erstellen. Dies bezieht sich zum Beispiel auf Handbücher, die im Rahmen der Produktentwicklung geschrieben werden.

Treten im Projekt Änderungen auf, werden diese in der Verantwortung des Änderungsmanagements durchgeführt. Das Änderungsmanagement ist für die "Erfassung, Bewertung, Entscheidung, Dokumentation und Steuerung der Umsetzung von Änderungen im Projekt gegenüber dem Plan" zuständig. Diese Definition ist in der DIN 69901-5 festgeschrieben.

Mithilfe des Änderungsmanagements werden die Änderungen von der Idee bis zur Freigabe organisiert. Entdeckt der Kunde also ein Verbesserungspotential im Projekt und möchte dieses umgesetzt haben, ist dafür schon von Anfang an das Änderungsmanagement zuständig.

Während dieses Änderungsprozesses wird auch die Umsetzung und die Dokumentation organisiert. Insgesamt gibt es drei Prozessschritte, die in diesem Verfahren befolgt werden müssen.

Zunächst muss der Änderungsantrag initiiert und geplant werden. Die Idee des Änderungswunsches wird festgehalten und so ausformuliert, dass dieser im weiteren Verlauf umgesetzt werden kann.

Danach folgt eine Diskussion zwischen allen Beteiligten, die sich auf den Änderungsantrag bezieht. Schließlich müssen alle Personen und Abteilungen, die von der Änderung betroffen sind, Ihr Einverständnis geben. Der Änderungsantrag muss also von allen Seiten freigegeben werden.

Erfolgte die Freigabe, ist es nun die Aufgabe des Änderungsmanagements, diese Änderung umzusetzen.

Der Ablauf einer Änderung

Eine Änderung in einem laufenden Projekt zu integrieren ist mit einigen Hürden verbunden. So soll der Projektfortschritt nicht gestört werden und die Kosten für den Eingriff in das Projekt sollten so minimal wie möglich sein.

Um diese Ziele zu erreichen und eine Änderung möglichst sauber in das Projekt einzufügen, müssen die drei beschriebenen Prozessschritte sehr sorgfältig ausgeführt werden. Nur dann ist es möglich, noch nachträglich den Projektablauf zu beeinflussen, ohne dass es zu größeren Komplikationen kommt.

Im ersten Schritt wird der Änderungsantrag vorgelegt. Damit der Änderungsantrag eine Wirkung zeigen kann, muss eine Baseline vorhanden sein. Die Baseline stellt die Basis des Projektes dar und eine Änderung kann anhand dieser Basis nachvollzogen werden. Ob eine Änderung nahtlos in ein Projekt eingefügt werden kann, muss mittels einer Analyse erfolgen. Beim Änderungsantrag muss schon eine erste Einschätzung erfolgen, ob der Aufwand der Analyse in einem gesunden Verhältnis zum möglichen Nutzen der Änderung steht.

Ist offensichtlich, dass ein hoher Analyseaufwand entsteht, die Änderung aber nur einen sehr geringen Einfluss hat, sollte der Änderungsantrag nicht weiterverfolgt werden. Da innerhalb eines Projektes eine Vielzahl von Änderungen eingehen können, müssen diese klassifiziert werden. Dadurch wird eine Übersichtlichkeit gewährleistet. Die Klassifikation kann in der Art vorgenommen werden, dass festgeschrieben wird, ob zum Beispiel die Zustimmung des Kunden erforderlich ist. Es kann auch danach sortiert werden, welche Arbeitspakete betroffen sind.

Werden besonders umfassende und tiefgreifende Veränderungen gewünscht, müssen die negativen Effekte erörtert werden. Nicht immer haben Veränderungen einen rundum positiven Effekt. Sie können in Teilen zwar das Projekt zum Positiven bewegen, gleichzeitig können aber auch negative Auswirkungen in anderen Bereichen des Projektes bekannt werden.

Der Änderungsantrag wird von dem Antragsteller formuliert. Als Antragsteller können eine Vielzahl von Personen infrage kommen. Dies kann entweder der Kunde und Auftraggeber sein oder es können interne Änderungen eingereicht werden.

Ob ein Antrag für eine Änderung angenommen wird, wird von den Arbeitspaketverantwortlichen in einer ersten Stellungnahme erörtert. Ist eine Änderung nicht durchführbar oder schon mit so einem hohen Aufwand verbunden, dass eine Analyse nicht sinnvoll ist, kann der Änderungsantrag als solcher schon zu Beginn des Prozesses abgelehnt werden.

Somit werden nur Anträge weiterverfolgt, die wirtschaftlich vernünftig und technisch umsetzbar sind. Der Arbeitsaufwand wird auf diese Weise in den vorgelagerten Prozessen minimiert und der Fokus liegt auf den verbleibenden realistischen Änderungen.

Wurde entschieden, dass eine Änderung weiterverfolgt wird, geht die Änderung nun in die Verhandlungsphase über. Nun finden die eigentlichen Abwägungen statt, in denen erörtert wird, wie hoch der Einfluss der Änderung ist. Welche Auswirkungen hat diese auf das Projekt? Insbesondere die Kosten und die möglichen terminlichen Veränderungen müssen in dieser Phase berücksichtigt werden.

Gleichzeitig muss auch entschieden werden, wer die Kosten tragen muss. Hierzu finden in den meisten Fällen Verhandlungen mit dem Kunden statt, falls dieser die Änderung einbringen möchte. Es muss auch erörtert werden, weshalb die Änderung eingebracht werden soll und welche Verantwortlichkeiten vorliegen.

Wurde eine ausführliche Analyse der Änderung durchgeführt, muss eine Entscheidung zugunsten oder gegen die Umsetzung der Änderung gefällt werden. Wer als letzte Instanz die Entscheidung trifft, ist von der jeweiligen Projektorganisation abhängig. Die Entscheidung kann von der Projektleitung, dem Lenkungsausschuss oder einem Gremium, welches für das Änderungsmanagement zuständig ist, getroffen werden.

Mit der Annahme der Änderung wird die Baseline verändert. Es entsteht eine neue Basis für das Projekt, welche nun zu befolgen ist. Nachdem die Entscheidung zugunsten der

Änderung gefallen ist, muss noch erörtert werden, zu welchem Zeitpunkt diese am besten umgesetzt werden kann. Ist es sinnvoll, die Änderung unverzüglich durchzuführen oder bietet es größere Vorteile, wenn die Änderung erst im späteren Verlauf umgesetzt wird?

Darauf bezieht sich auch die jeweilige Baseline. Wird die Änderung erst zu einem späteren Verlauf eingebracht, muss dies auch in der Baseline ersichtlich sein. So kann das Projekt auf mehreren Grundlagen fußen und es ist jederzeit notwendig, die aktuelle Baseline zu befolgen.

Wird die Änderung erst später integriert, wird die neue Baseline zwar erstellt, aber eingefroren. Es muss immer vermerkt werden, welche Baseline zum aktuellen Zeitpunkt gültig ist.

Gleichzeitig muss auch die alte Baseline erhalten bleiben. Zeigt sich, dass eine Änderung nicht den gewünschten Erfolg bringt oder aus anderen Gründen rückgängig gemacht werden muss, sollte die alte Baseline weiterhin vorhanden sein. Dadurch kann der ältere Zustand wiederhergestellt werden.

Um die Übersicht zu bewahren, werden die Dokumente mit verschiedenen Angaben versehen. Dazu gehört mindestens der Titel, die Versionsnummer und das Erstelldatum.

Eine Baseline besteht nicht nur aus einem Dokument. Sie setzt sich aus einer Vielzahl von Dokumenten zusammen. Dadurch kann es schnell zu Problemen kommen, wenn unterschiedliche Versionsstände vorhanden sind.

Die Konfigurationsbuchführung ist dafür zuständig, dass jederzeit die Dokumente und die Veränderungen nachvollzogen werden können. So ist der Ursprung der Änderung immer anschaulich darstellbar.

Änderungswünsche können zu jedem Zeitpunkt im Projekt auftreten. Schon in der Planungsphase können neue Ideen eingebracht oder alte verworfen werden. Daher ist das Änderungsmanagement von Anfang an ein ständiger Begleiter und wichtig, für die Durchführung des Projektes.

In der Praxis wird das Änderungsmanagement in der Entwicklungsphase eher als unnötig empfunden. So ist dieses doch mit einem hohen Aufwand in der frühen Phase des Projektes verbunden. Da das Projekt und der Verlauf sich noch in einem sehr frühen Stadium befinden, ist es natürlich, dass einige Änderungen auftreten. Daher sehen manche Projektleiter davon ab, ein ausführliches Änderungsmanagement schon während dieser Frühphase einzusetzen.

Dennoch zeigen die Ergebnisse in der Fachwelt, dass schon mit Beginn des Projektes das Änderungsmanagement eingeführt werden sollte. Langfristig können durch die frühe Zusammenarbeit Kosten reduziert werden.

Das Änderungsmanagement ist in der frühen Phase sogar noch entscheidender am späteren Kostenverlauf beteiligt. Änderungen in der Planungsphase verursachen relativ geringe Kosten. Indem diese sachgerecht und kontrolliert umgesetzt werden, können Kosten für spätere Änderungen entfallen.

Das Änderungsmanagement wird in den meisten Projekten vom Qualitätsmanagement durchgeführt. Das Qualitätsmanagement ist ohnehin mit jeglichen

Auswirkungen der Änderungen vertraut und daher bietet es sich an, wenn diese das Änderungsmanagement übernehmen.

In kleineren Projekten übernimmt der Projektleiter diese Aufgaben. Bei großen Projekten oder Unternehmen werden die Aufgaben des Änderungsmanagements sogar noch weiter unterteilt. So gibt es eigene Abteilungen, die nur für die Dokumentation zuständig sind.

Eine Analyse des Projektfortschrittes

Damit das Projekt in geordneten Bahnen verläuft, ist es notwendig, dass der aktuelle Fortschritt betrachtet wird. Im Vergleich zu der Planung ergeben sich Erkenntnisse darüber, ob terminliche Verzögerungen auftreten oder das Produkt nicht den eigentlichen Wünschen entspricht.

Abweichungen können in verschiedenen Bereichen des Projektes vorkommen. Das Projekt ist praktisch ständig davon bedroht, vom eigentlichen Kurs abzuweichen. Daher ist es notwendig, das Projekt wieder in die gewünschte Bahn zu lenken. Dazu muss die aktuelle Situation genau eingeschätzt und mit der Planung verglichen werden.

Auch eine verlässliche Prognose ist wichtig, um das Projekt optimal steuern zu können.

Abweichungen können in drei Hauptkategorien unterteilt werden. Diese orientieren sich am magischen Zieldreieck des Projektmanagements.

Im Laufe des Projektes kann es zu terminlichen Verzögerungen kommen. Lieferanten haben möglicherweise einen Liefertermin nicht eingehalten oder die Fertigstellung eines Arbeitspaketes wurde nicht zum gewünschten Termin ausgeführt.

Für den Vergleich ist es wichtig, dass festgestellt wird, welche Aufgaben wann erledigt und begonnen wurden. Zudem soll auch ein Ausblick gewährt werden, wann die Aufgaben abgeschlossen sein werden. Liegt aufgrund der Ist-Situation die Vermutung nahe, dass der Fertigstellungstermin des Projektes nicht eingehalten werden kann?

Auch bei den Kosten können einige Abweichungen auftreten. Diese werden zu Beginn des Projektes geschätzt. Die Schätzungen sind aber in den seltensten Fällen zutreffend und immer mit einer Unsicherheit verbunden. Änderungen oder andere unerwartete Vorfälle können dafür sorgen, dass die Kosten höher sind als erwartet.

Geprüft werden sollen hierbei die Plankosten, Ist-Kosten und die Sollkosten. Es wird also festgestellt, wie hoch die Kosten bislang sind und mit welchen Kosten noch gerechnet werden muss. Dazu kann ermittelt werden, wie hoch die Kosten der einzelnen Arbeitspakete bislang waren und wie hoch diese eigentlich hätten sein dürfen.

Daraus ergibt sich eine Prognose, wie hoch die Kosten für die Fertigstellung des Projektes sein werden.

Abweichungen können auch im Zusammenhang mit der Leistungserstellung auftreten. Hierbei müssen immer die Anforderungen des Kunden betrachtet werden. Inwiefern findet hier eine Abweichung statt und dienen die ausgeführten Arbeiten tatsächlich der Bereitstellung des Kundennutzens?

Hierfür müssen die gelieferten Objekte überprüft werden. Erfüllen diese die Anforderungen oder gibt es Abweichungen, zu den Leistungen, die im Arbeitspaket definiert wurden?

Für komplexe und kostenintensive Projekte wurde die Prüfung häufig mit der Kennzahl des "Fertigstellungswert" durchgeführt. Dieser Wert sagt aus, ob die geplanten Sollkosten und die Ist-Leistungen eingehalten wurden.

Eine isolierte Betrachtung der Kosten könnte zu einer fehlerhaften Interpretation führen. Sind die Kosten geringer, als geplant, kann dies auch daran liegen, dass das Projekt im Verzug ist. Geringere Ist-Kosten müssen also nicht immer ein Grund zur Freude sein.

Indem der Fertigstellungswert betrachtet wird, wird die gesamte Arbeitsleistung betrachtet. Dadurch entsteht ein ganzheitlicher Eindruck und es ist eher erkennbar, ob die Entwicklung des Projektes positiv oder negativ ist.

Der laufende Vergleich zwischen dem Ist- und Sollzustand ist notwendig, um den aktuellen Fortschritt beurteilen zu können. Durch diese Einschätzung kann eine genauere Prognose abgeliefert werden, ob die vereinbarten Ziele einhaltbar sind.

Wird anhand dieser Analyse festgestellt, dass große Abweichungen aufgetreten sind, müssen entsprechende Gegenmaßnahmen durchgeführt werden. Für den Auftraggeber stellt dieser Vergleich zudem eine Sicherheit dar und er erhält zusätzliche Informationen über das laufende Projekt.

Die Analyse ist also vor allem deshalb wichtig, um die Auswirkungen der Abweichungen zu erfahren und die Korrekturmaßnahmen zu planen.

Auch die Investoren können ein gesteigertes Interesse an dem Projektverlauf haben. Gründe sind nicht nur das eigene Verlangen nach ausreichend Informationen, sondern auch gesetzliche Vorschriften.

Die Projekte haben als Investitionen finanzielle Auswirkungen auf die Bilanzen der investierenden Unternehmen. Liegen größere finanzielle Risiken vor, müssen diese aufgrund von gesetzlichen Vorschriften offengelegt werden. Dabei geht es um den Schutz der Anleger, die in die Projekte investiert haben und am Ende nicht unerwartet das Geld verlieren sollen.

Wie wird der Ist-Zustand gemessen

Die Erhebung des aktuellen Ist-Zustandes hat einen großen Einfluss darauf, ob das Projekt in die richtigen Bahnen gelenkt werden kann. Je genauer die Betrachtung ist, desto eher können geeignete Maßnahmen ergriffen werden, die den gewünschten Erfolg erzielen.

Den aktuellen Projektzustand zu ermitteln stellt allerdings eine große Herausforderung dar. Je komplexer und größer das Projekt ist, desto ungenauer werden diese Feststellungen. Dies kann unter anderem an den zahlreichen Großprojekten erkannt werden, die plötzlich mit Kostenexplosionen oder Terminverzügen in den Medien auftauchen.

So wurde bereits ein Eröffnungstermin inklusive Vorbereitungen für den Flughafen BER ausgegeben, obwohl dieser noch mehrere Jahre vom Fertigstellungstermin entfernt war.

Der Ausgangspunkt für den Abgleich ist die Baseline. Als Grundlage für die Messung dient der Projektstrukturplan, in welchem die Arbeitspakete definiert sind. So können für die jeweiligen Arbeitspakete die Daten der Kosten, Leistungen und Termine ermittelt werden.

Hierfür stehen verschiedene Methoden zur Auswahl, die für eine höhere Genauigkeit sorgen sollen. Denn bei der Einschätzung und Ermittlung des derzeitigen Standes kann es selbst in den detaillierten Arbeitspaketen zu Unstimmigkeiten kommen.

Eine sehr objektive und standardisierbare Möglichkeit stellt die 50-50 Methode dar. Hierbei wird dem Arbeitspaket ein Fertigstellungsgrad zugewiesen. Wird das Arbeitspaket begonnen, wird von einem Fertigstellungsgrad von 50 Prozent ausgegangen. Dieser Wert bleibt fix und ändert sich erst, wenn das Arbeitspaket abgeschlossen wurde. Dann liegt ein Fertigstellungsgrad von 100 Prozent vor.

Wie genau die Prozentwerte angegeben werden, kann von der Projektleitung entschieden werden. Möglich sind auch eine 0-100 oder 25-75 Methode. Die extreme Variante der 0-100 Methode ist aber eher für kurze Arbeitspakete geeignet. Bei längeren Zeitaufwänden stünde das Arbeitspaket für die gesamte Dauer auf 0 Prozent und könnte zu starken Abweichungen führen.

Der Vorteil dieser Methode ist, dass diese nach objektiven Kriterien abläuft. Eine persönliche Einschätzung des Fortschrittes ist nicht notwendig.

Eine andere Variante, um den Ist-Zustand festzustellen, besteht in der Meilensteinmethode. Der Meilensteinplan gibt bereits Auskunft darüber, zu welchem Zeitpunkt bestimmte Arbeiten erledigt sein sollen. Dies ist meist auf das gesamte Projekt bezogen.

Auch innerhalb der Arbeitspakete können nun in kleinerem Rahmen Meilensteine definiert werden. Im Verlaufe der Arbeiten kann nun überprüft werden, ob der Fortschritt den Erwartungen entspricht.

Eine genauere Überprüfung ist möglich, wenn die Ergebnisse der Arbeitspakete gut messbar sind. Muss zum Beispiel eine bestimmte Anzahl an Einheiten produziert werden oder muss eine Fläche mit den gleichen Arbeiten fertiggestellt werden, lässt sich dies relativ einfach überprüfen. Hier kann gemessen werden, zu welchem Anteil die Arbeiten bereits abgeschlossen sind.

Abgesehen werden sollte davon, dass der Grad des Fortschrittes subjektiv und nur in Prozent angegeben wird. Die Praxis zeigt, dass die Fertigstellung meist überschätzt wird. So wird relativ früh der Status der 90 Prozent erreicht, aber die restlichen Arbeiten zur Erreichung der 100 Prozent werden bei Weitem unterschätzt.

In der Planungsphase des Projektes sollte von der Projektleitung bereits festgehalten werden, auf welche Weise der Projektfortschritt kontrolliert wird. Ebenfalls muss erörtert werden, in welchen Abständen diese Überprüfung zu erfolgen hat.

Abweichungen von der Planung und dem Ist-Zustand können verschiedene Ursachen haben. Es können unter anderem Planungsfehler für die Abweichungen verantwortlich sein. Hier wurden bereits falsche Annahmen bei der Planung getroffen, sodass die Schätzungen nicht mit der Realität übereinstimmen konnten.

Fehler können auch bei der Umsetzung des Projekts vorkommen. Diese haben zur Folge, dass manche Arbeitsschritte wiederholt werden müssen und damit ein erhöhter Zeitaufwand eingeplant werden muss.

Nicht immer sind diese Fehler im Projekt zu finden. Es können auch Einflüsse von außen dafür sorgen, dass der Projektablauf gestört wird. Dies kann zum Beispiel vom Auftraggeber ausgehen oder von anderen Faktoren, die vom Projekt nicht beeinflussbar sind.

Auch Änderungen und Wünsche des Auftraggebers können zu Abweichungen führen. Allerdings sollte im Änderungsmanagement dieser zusätzliche Aufwand bereits berücksichtigt werden.

Andere Abweichungen berufen sich bereits auf Fehler in der Ermittlung der Ist-Daten. Sind die Arbeitspakete nur sehr schwer quantifizierbar, muss eine Einschätzung des Arbeitsfortschrittes anhand der vorgestellten Methoden erfolgen. Diese sind jedoch mit gewissen Ungenauigkeiten verbunden.

Erstellung von Prognosen

Neben der Ist-Situation ist auch eine Prognose über den zukünftigen Verlauf des Projektfortschrittes wichtig, für die Entscheidung ob Maßnahmen getroffen werden müssen, um die gesteckten Ziele zu erreichen.

Während des Projektverlaufes werden neue Erkenntnisse und Erfahrungen gewonnen, die dazu führen, dass die Prognose geändert werden kann. So werden nicht nur die Ist-Daten laufend aktualisiert, sondern es wird auch eine neue Prognose auf Grundlage der aktuellen Daten durchgeführt. Dadurch kann besser bestimmt werden, wie hoch die noch anfallenden Kosten für die Fertigstellung des Projektes sein werden.

Zur Ermittlung der neuen Prognose stehen ebenfalls mehrere Möglichkeiten zur Auswahl. Die einfachste Methode ist die Durchführung einer neuen Schätzung. Mithilfe der Schätzung wurde bereits der ursprüngliche Aufwand dargelegt. Nun kann eine neue Schätzung auf Grundlage der aktuellen Erkenntnisse durchgeführt werden.

Genauer ist es hingegen, wenn nicht nur neue Erfahrungen für die Schätzung hinzugezogen werden, sondern wenn die aktuelle Datenlage verwendet wird. Hierfür können bestimmte Kennzahlen genutzt werden. Diese geben einen Aufschluss darüber, wie die Kosten sich entwickeln.

Die Durchführung einer neuen Schätzung ist immer mit einem zusätzlichen Aufwand verbunden. Daher könnte die Versuchung bestehen, dass die Prognosen vermieden und nicht durchgeführt werden. Dabei besteht allerdings die Gefahr, dass Abweichungen erst dann wahrgenommen werden, wenn diese für den Ist-Zustand ein Risiko darstellen.

Indem eine Prognose durchgeführt wird, können Korrekturmaßnahmen schon frühzeitig ausgeführt werden.

Wie genau die Ermittlung der Ist-Daten erfolgt, hängt von den eingesetzten Systemen ab. Besteht eine ausführliche Datenerfassung mittels ERP-System, kann der Ist-Zustand schneller und detaillierter beschrieben werden.

Die Daten werden von der Controllingabteilung an den Projektleiter weitergegeben. Die Analyse obliegt aber dennoch dem Projektcontroller und dieser liest aus den Daten ab, wie hoch der Projektfortschritt ist. Eine Auswertung findet in fest definierten Zeitabständen statt.

So können wöchentliche oder monatliche Entwicklungen nachvollzogen werden. Diese Daten werden vom Projektleiter und dem Team einer Prüfung unterzogen.

Prüfungen im laufenden Projekt

Bisher wurde die Ermittlung der Ist-Daten und der Prognose durchgeführt. Um mit diesen Daten arbeiten zu können, ist eine ausführliche Prüfung dieser Daten notwendig. Die Informationen müssen bewertet und dokumentiert werden. Anhand derer wird eine Entscheidung getroffen, wie das Projekt abgeschlossen werden kann.

Im Extremfall kann im "Review" auch die Entscheidung getroffen werden, dass ein Projekt nicht mehr durchführbar ist und eingestellt werden muss.

Diese Prüffälle finden zu bestimmten und geplanten Zeitpunkten im Projekt statt. Sie enthalten eine Projektbewertung, die vor allem auf die Zukunft ausgerichtet ist. Am Ende der Prüfung soll die Erkenntnis stehen, ob die Verfolgung des Projektes sinnvoll ist.

Die Prüfungen werden nicht nur auf das gesamte Projekt bezogen. Sie finden auch auf den unteren Ebenen und den Teams statt. Die Ergebnisse werden in Meetings erläutert und insbesondere bei der Erreichung von Meilensteinen oder wenn Probleme im Projekt sichtbar werden, sind diese Prüfungen sinnvoll. An diesen Meetings können auch externe Berater teilnehmen, die die Projektleitung bei der Entscheidungsfindung unterstützen.

Die regelmäßigen Prüfungen stellen eine wichtige Art der Kommunikation mit den Stakeholdern dar. Generell ist einer der größte Nutzen, dass die Ergebnisse aus den Nachbehandlungen an die Projektteams, Entscheidungsträger oder Management weitergegeben werden.

Die Prüfungen gehören zu dem Verifikations- und Validierungskonzept innerhalb eines Projektes. Sie werden schon zu Beginn des Projektes geplant und es wird festgelegt, wie diese ausgeführt werden.

Anhand der Erkenntnisse, die aus den Prüfungen gewonnen werden, fallen Entscheidungen, die für die Steuerung des Projektes maßgeblich sind.

Neben den planmäßigen Prüfungen können diese auch außerplanmäßig durchgeführt werden. Gründe hierfür sind vor allem, wenn Probleme im Projekt entdeckt werden, die den weiteren Projektverlauf erheblich stören könnten.

Darüber hinaus muss abgeklärt werden, aus welchen Mitteln diese Maßnahmen finanziert werden. Werden diese aus den Projektmitteln abgezogen oder werden zusätzliche

Ressourcen vom Auftraggeber oder den Stakeholdern bereitgestellt?

Wann die Überprüfungen zu erfolgen haben, wird im Rahmen des Stakeholdermanagements erörtert. Schließlich haben diese Berichte eine wichtige Kommunikationsaufgabe, die vor allem den Stakeholdern zugutekommt.

Maßnahmen, um das Projekt auf Kurs zu halten

Wurden Abweichungen zwischen den Soll und den Ist-Werten festgestellt, ist die Projektleitung dazu aufgefordert, das Projekt wieder in die geeigneten Bahnen zu lenken. Am effektivsten ist die Arbeit, wenn diese kontinuierlich durchgeführt wird und eine permanente Steuerung des Projektes vorgenommen wird. So können die Ziele mit erhöhter Sicherheit verwirklicht werden.

Nicht immer ist es möglich, mit einfachen Steuerungsmaßnahmen das Projekt wieder auf Kurs zu bringen. Sind Abweichungen vorhanden, werden diese im Fehlerbericht dargestellt. Nun liegt es an der Projektleitung, Maßnahmen zu treffen, um diese Fehler zu beseitigen. Maßgeblich an dieser Arbeit ist auch der Qualitätsmanager beteiligt.

Die Abweichungen können in verschiedene Schweregrade unterteilt werden. Große Abweichungen werden in der ersten Klasse festgehalten. Dies ist zum Beispiel der Fall, wenn bestimmte Anforderungen des Kunden, nicht wie gewünscht umgesetzt werden können. Oder es treten Probleme auf, die auch andere Komponenten oder

Schnittstellen beeinflussen können. Deren Auswirkungen sind zu diesem Zeitpunkt noch nicht genau abzuschätzen, aber das Potenzial ist so gravierend, dass diese mit aller Deutlichkeit behoben werden müssen.

Unter der zweiten Kategorie werden nur unbedeutende Abweichungen eingeteilt. Dies können kosmetische Fehler sein, die während der Produktion aufgetreten sind, aber bei der finalen Produktionsphase abgestellt werden können. Sie haben keine Auswirkungen auf die Erfüllung der Anforderungen des Kunden und werden daher mit einer niedrigeren Priorität behandelt.

Mit dem Auftraggeber kann nun vereinbart werden, wie mit diesen Problemen umgegangen wird. Er kann sich dazu entscheiden, von Fehlern und Abweichungen der ersten Kategorie unterrichtet zu werden, während Maßnahmen der Kategorie zwei eigenständig vom Projektleiter umgesetzt werden.

Wird eine Maßnahme getroffen, muss die Auswirkung auf das gesamte Projekt betrachtet werden. Gerade hinsichtlich des magischen Zieldreiecks muss eine Optimierung stattfinden. Die Maßnahmen können erst dann umgesetzt werden, wenn vollständig abgeklärt wurde, welche Auswirkungen diese auf das Projekt haben.

Daher ist die Ausführung einer Maßnahme mit einer Änderung vergleichbar. Es muss also mit ähnlicher Sorgfalt gearbeitet werden, um die durchführenden Maßnahmen umzusetzen. Ebenfalls muss eine Autorisierung aller betroffenen Ebenen erfolgen.

In der Praxis bestehen vor allem zwei Möglichkeiten, um das Projekt zu steuern. Dies sind die Erhöhung der Personalkapazität und die Reduzierung des Leistungsumfanges.

Wird zum Beispiel eine terminliche Abweichung von der Ist-Situation festgestellt, können mehr Mitarbeiter für das Projekt abgestellt werden. Diese können entweder intern aus dem Unternehmen gewonnen oder von externen Personaldienstleistern angeworben werden. Die Auswirkungen der Maßnahme sind jedoch sehr umfangreich.

Zunächst muss geklärt werden, wie hoch der finanzielle Aufwand dieser Maßnahme ist. Der Personaleinsatz ist mit zusätzlichen Kosten verbunden. Zudem kann es sein, dass der Betriebsrat seine Zustimmung für die Erhöhung der Personalkapazität geben muss.

Gleichzeitig muss beachtet werden, dass die Produktivität nicht sofort mit dem Einsatz der neuen Mitarbeiter anwächst. Die ursprünglichen Teammitglieder müssen die neuen Kollegen erst noch einarbeiten. Während dieser Einarbeitungszeit entsteht sogar ein Produktivitätsverlust. Das Projekt kann sich unter Umständen noch mehr verzögern und mit Sicherheit werden mehr Arbeitsstunden benötigt, um ein Arbeitspaket abzuschließen.

Gleichzeitig kann auch die Qualität der Arbeit nicht genau abgeschätzt werden. Es können vermehrt Fehler auftreten, da die neuen Teammitglieder erst noch eingearbeitet werden müssen und über wenig Erfahrung verfügen. Der

Termindruck kann zusätzlich für eine erhöhte Fehleranfälligkeit verantwortlich sein.

Dies sind nur einige Faktoren, die bei der Integration neuer Teammitglieder beachtet werden müssen. Die Projektleitung muss entscheiden, ob die langfristigen Vorteile die kurzfristigen Nachteile überwiegen. Schließlich wird sich das Team nach einer kurzen Findungsphase besser einspielen und nach einer gewissen Zeit eine höhere Produktivität aufweisen. Hier muss abgeschätzt werden, wie hoch die Gesamtproduktivität sein wird.

Anstatt neue Mitarbeiter in das Team zu holen, ist es praktischer, wenn die bereits vorhandenen Teammitglieder Ihre Arbeitsstundenzahl erhöhen können. Dadurch werden die negativen Effekte der Integration neuer Mitarbeiter vermieden. Allerdings kann dies langfristig negative Auswirkungen auf die Produktivität der einzelnen Mitarbeiter haben. Diese befinden sich ständig an der Leistungsgrenze und können negative gesundheitliche Konsequenzen davontragen. Zudem fallen hierbei ebenfalls Zusatzkosten an und der Betriebsrat müsste seine Zustimmung erteilen.

Eine andere Maßnahme ist die Reduktion des Leistungsumfanges. Von dieser Maßnahme ist der Kunde direkt betroffen, denn die angestrebten Änderungen können nicht mehr den eigentlichen Anforderungen des Auftraggebers entsprechen. Das Projektteam möchte praktisch den Vertrag ändern und benötigt dafür die Zustimmung des Kunden.

Die Leistung kann unter anderem dadurch reduziert werden, indem die Anzahl der Lieferobjekte geringer ist. Durch die geringere Anzahl an Objekten findet eine verkürzte Produktionszeit statt und die Termine können eventuell gehalten werden. Es kann auch abgesprochen werden, ob eine verspätete Teillieferung für den Auftraggeber hinnehmbar ist.

Treten weitere Probleme bei der Entwicklung des Produktes auf, kann auch diskutiert werden, ob bestimmte Leistungsanforderungen veränderlich sind. Dadurch kann die Komplexität der Leistung reduziert werden, was sich positiv auf den Projektverlauf auswirkt.

Diese Maßnahmen benötigen nicht nur die Zustimmung des Kunden, sondern dieser sollte schon in der Entscheidungsfindung einbezogen werden. So hat dieser ein Mitbestimmungsrecht darüber, welche Kriterien für Ihn von höherer Bedeutung sind. Eventuell ist die Einhaltung von Terminen unkritisch, während eine vollumfängliche Umsetzung der Anforderungen in jedem Fall gewünscht wird.

Die Durchführung von Maßnahmen, ohne den Kunden einzubeziehen ist nicht zu empfehlen. Die Termine und Leistungsanforderungen wurden bereits zu Beginn des Projektes festgelegt. Diese einseitig zu verändern geht mit einem massiven Vertrauensverlust einher.

Das Projekt zum Abschluss bringen

Bedeutung des Projektabschlusses

Ein Projekt ist nicht mit der Lieferung des eigentlichen Projektergebnisses abgeschlossen. Zwar stellt dies den Abschluss der aktiven Arbeit im Sinne der Kundenanforderungen dar, doch jetzt muss das Projekt noch ordentlich beendet werden. Schließlich gibt es einige Erfahrungen, die gewonnen wurden und diese sollten dokumentiert werden, um sich Vorteile für zukünftige Projekte zu verschaffen.

Ebenso sollte die Arbeit auf sozialer Ebene gewürdigt werden. Die Projektmitarbeiter haben über den Zeitraum gemeinsam an der Verwirklichung der Aufgaben gearbeitet und diese Leistung sollte entsprechend bewertet und am besten mit einem Mitarbeiterevent beendet werden. Schließlich ist auch die soziale Komponente für das Mitwirken im Projekt sehr bedeutsam.

Eine weitere Aufgabe beim Projektabschluss besteht darin, die Ergebnisse dem Auftraggeber zu präsentieren. Dieser erhält natürlich den Liefergegenstand. Für eine ordentliche Übergabe ist es von Vorteil, wenn diese mit einer Präsentation einhergeht.

So kann die Arbeit und das Ergebnis des Projektes sehr umfangreich präsentiert werden und der Kunde hat direkt einen besseren Überblick darüber, inwiefern die

Anforderungen erfüllt wurden. Hier kann ein Abgleich der Anforderungen und Ziele mit dem realen Ergebnis erfolgen. Für einen harmonischen Abschluss ist dies ein wichtiger Punkt, um den Kunden zufriedenzustellen.

Gerade bei komplexen Projekten ist eine genaue Erörterung des Ergebnisses von Bedeutung. Schließlich sollte der Kunde mit dem Produkt nicht alleine gelassen werden. Ein weiterer Vorteil besteht darin, dass dem Kunden die Arbeitsweise im Projekt nähergebracht wird. Dieser wird mitunter nicht nur am Ergebnis Interesse haben, sondern auch wie dieses zustande gekommen ist. Für zukünftige Projekte kann die Arbeitsweise ein Faktor sein, der in die Entscheidungsfindung für die Projektvergabe einfließt.

War die Kommunikation mit dem Kunden stets positiv und wurde dieser über alle Arbeiten aufgeklärt, wird dieser eher davon überzeugt sein, ein weiteres Projekt an dieses Team zu vergeben.

Neben der Kundenbindung und der Sicherstellung seiner Zufriedenheit ist die Fehleranalyse eine weitere wichtige Aufgabe während des Projektabschlusses. Anzunehmen, dass ein Projekt komplett fehlerfrei ablaufen würde ist unrealistisch.

In der Praxis können einige Abweichungen vorkommen, die entweder von außen verursacht werden oder beim Projektteam selber zu finden sind. Da Projekte darauf beruhen, dass sie neuartig und kaum vergleichbar mit anderen Arbeiten sind, werden Fehler praktisch ein Bestandteil jedes Projektes sein.

Damit diese in der Zukunft abgestellt werden können, muss eine Analyse vorgenommen werden. Innerhalb der Analyse werden die Ursachen der Abweichungen erörtert und mit welchen Maßnahmen die Fehlerursachen abgestellt werden können. Danach kann noch eine Einschätzung erfolgen, ob die Maßnahme den gewünschten Erfolgt gebracht hat oder ob sich im Nachhinein eine andere Option als besser herausgestellt hätte.

Diese Erfahrungswerte können bei der Arbeit an zukünftigen Projekten hilfreich sein. Zwar ist jedes Projekt durch seine Einmaligkeit gekennzeichnet, es gibt aber Teilaufgaben oder Komponenten, die vorherigen Projekten sehr ähnlich sind.

Indem diese Erfahrungswerte genutzt werden, können Fehler vermieden, Termine besser eingehalten und Kosten gesenkt werden. Somit ist zumindest eine teilweise Anwendung der Lernkurve möglich und obwohl jedes Projekt neuartig erscheint, können Erfahrungswerte zu einer effizienteren Arbeitsweise führen.

Die Aufbereitung um die Erfahrungen, die innerhalb des Projektabschlusses gewonnen wurden, können mit einer Stärken- und Schwächeanalyse (SWOT-Analyse) durchgeführt werden. Bei dieser Analyse werden sowohl die externen, als auch die internen Faktoren des Projektes durchleuchtet.

Bei der externen Analyse wird aufgezeigt, welche Gefahren durch die Unternehmensumwelt auftreten können. Sind Lieferanten ein großer Unsicherheitsfaktor, gibt es gesetzliche Einschränkungen oder ist der Markt so stark in Bewegung, dass das Projekt in Gefahr gerät?

Durch die externe Analyse werden alle Risiken, die von außen bestanden aufgeschrieben. Zu Beginn des Projektes erfolgte bereits eine Risikoanalyse. Diese kann nun um die realen Probleme, die während der Projektarbeit aufgetreten sind, erweitert werden. So sind mit Sicherheit neue Risiken während des Projektablaufes identifiziert worden, die im Vorfeld nicht bedacht wurden.

Durch die Vorwegnahme dieser externen Faktoren kann auf diese eher reagiert werden. Gegenmaßnahmen können schneller umgesetzt werden und es ist besser wahrnehmbar, wie effektiv diese sind. Dennoch muss festgestellt werden, dass die exogenen Faktoren für das Projektteam kaum beeinflussbar sind. Im nächsten Projekt könnten diese Risiken also wieder auftreten.

Die zweite Sichtweise bei dieser Analyse bezieht sich auf die interne Perspektive. Welche Stärken und Schwächen konnten innerhalb des Projektes und der Teammitglieder identifiziert werden? Gab es Probleme während der Projektorganisation, wurden die Mitarbeiter nicht optimal eingesetzt oder war die Planungsphase mit zu hohen Unsicherheiten behaftet?

Nun wird eine Einschätzung über die eigenen Stärken und Schwächen vorgenommen. Das Ziel sollte es sein, dass die Prozesse beim nächsten Projekt so verändert werden, dass die Schwächen nicht mehr in diesem Ausmaß vorhanden sind.

Diese beiden Analysen werden gemeinsam in einer Matrix dargestellt. Durch diese Auswertung sollen eine

Maximierung der Stärken und eine Minimierung der Schwächen erfolgen.

Die Schwächen können mit geeigneten Gegenmaßnahmen gemindert werden. Dies kann eine bessere Schulung der Mitarbeiter oder die Einbeziehung von externen Beratern, während der Planungsphase sein. Die Möglichkeiten sind sehr vielfältig und hauptsächlich vom Kostenrahmen abhängig.

Anhand dieser Analyse kann auch eine bessere Auswahl der zukünftigen Projekte erfolgen. So können Projekte gewählt werden, bei denen die Stärken besonders zum Tragen kommen. Hat das Projektteam bewiesen, dass es auf Änderungen sehr flexibel reagieren kann, kann dies bei der Auswahl des nächsten Kunden berücksichtigt werden.

Auf diese Weise können die Stärken im nächsten Projekt besser eingebracht werden. Die Schwächen werden durch Verbesserungsmaßnahmen gemindert und insgesamt findet eine klare positive Entwicklung des Projektteams statt.

Erstellung der offenen Aktivitäten

Bevor der weitere Ablauf des Projektabschlusses begonnen werden kann, sollten die Aktivitäten festgehalten werden, die für den endgültigen Abschluss noch durchzuführen sind. Hierfür kann eine Art Checkliste angefertigt werden.

Diese sollte zum Beispiel den Punkt beinhalten, dass der Abzug der Teammitglieder geplant wurde. Die Teammitglieder sollten nicht einfach nur aus dem Projekt entlassen werden, sondern entweder wieder in das Unternehmen oder ein neues Projekt integriert werden.

Waren die Mitarbeiter nur für die Dauer des Projektes beschäftigt, ist es hilfreich diesen Mitarbeitern eine Unterstützung bei der Neuorientierung zu bieten. So erhalten die Mitarbeiter eine bessere Möglichkeit, direkt eine Anschlussanstellung zu erhalten.

Eine weitere Aktivität ist die Leistungsbewertung, die mit den Teammitgliedern individuell durchgegangen wird. Diese dient vor allem als Feedback und soll aufzeigen, wo noch Verbesserungspotenzial vorhanden ist und welche Stärken vorliegen. Das Feedback hilft auch dem Unternehmen, den Mitarbeiter in der Zukunft besser einzuschätzen.

Auch die externen Partner müssen bewertet werden. Im Rahmen einer Leistungsbeurteilung können die Lieferanten anhand von Kennzahlen bewertet werden. War die Termintreue so wie erhofft oder kam es zu häufigen Verzögerungen? Haben die Produkte die Qualitätskriterien erfüllt oder waren die Anlieferungen zum Teil mangelhaft?

Die Lieferantenbeurteilung ist eine wichtige Aufgabe, für die Planung zukünftiger Projekte. Die Lieferanten können eine Abschlussnote erhalten, sodass diese miteinander vergleichbar sind. Gewisse Informationen können an den Lieferanten weitergegeben werden. Dies dient dem Lieferanten ebenfalls als Feedback und dieser erhält eine Einschätzung darüber, in welchen Gebieten er sich noch verbessern kann. Andere Informationen sollten aber intern behandelt werden.

Ebenfalls von Bedeutung ist die korrekte Buchhaltung. Ein Projekt ist mit zahlreichen Rechnungen und Buchungen verbunden. Hier sollte überprüft werden, ob alle

Rechnungen beglichen wurden oder noch offene Posten bestehen. Gegebenenfalls müssen Mahnungen ausgesprochen werden.

Gegenüber dem Kunden gibt es ebenfalls noch einige Fragen, die beantwortet werden müssen.

Im Mittelpunkt steht hierbei natürlich das Projektergebnis. Dieses wurde an den Kunden übergeben und daran schließt sich auch gleich dessen Bewertung an. Hat der Kunde die Lieferung ohne Beanstandung abgenommen oder hat dieser einen Mangel festgestellt? Falls ein Mangel vorlag, muss erörtert werden, inwiefern dieser noch beseitigt werden kann.

Für zukünftige Projekte muss der Mangel ebenfalls dokumentiert werden. Schließlich können aus dem Fehler wichtige Erkenntnisse gewonnen werden, um ähnliche Mängel in der Zukunft zu vermeiden.

Bevor das Projekt abgeschlossen werden kann, muss zudem ein ausführlicher Nachbericht in Zusammenarbeit mit dem Kunden erfolgen. Hierzu wird ein Interview durchgeführt, bei dem der Kunde seine Sichtweise zum Projekt erörtern kann.

War der Kunde mit bestimmten Vorgängen im Projekt unzufrieden und wie können diese Aspekte bei zukünftigen Projekten verbessert werden? Das Interview gibt einen Einblick darüber, wie zufrieden der Kunde mit dem Projektverlauf insgesamt ist. Denn für diesen ist nicht nur das Projektergebnis für die Zufriedenheit entscheidend.

Wichtig ist auch, dass jederzeit eine offene Kommunikation herrscht. Probleme und Verzögerungen sollten nicht unter den Teppich gekehrt, sondern offene angesprochen werden, wenn diese für den Verlauf des Projektes von hoher Bedeutung sind. Andernfalls könnte der Eindruck entstehen, dass die Projektleitung gegenüber dem Auftraggeber intransparent handelt. Dies kann mit einem Vertrauensverlust einhergehen und eine zukünftige Zusammenarbeit schwierig gestalten.

Das Interview sollte auf beiden Seiten ehrlich ablaufen. Die Aufgabe des Kunden ist es, Schwachstellen im Projektablauf darzustellen. Diese Erkenntnisse können für eine Verbesserung genutzt werden.

Ebenso muss die Zufriedenheit nicht nur mit dem Auftraggeber abgestimmt werden. Gibt es Anwender des Projektergebnisses, muss erörtert werden, inwiefern der angestrebte Nutzen realisiert wurde. Ist das Training für die Anwender ausreichend und das Handbuch so geschrieben, dass eine Anwendung ohne große Anlaufschwierigkeiten möglich ist?

Während des Projektes wird bereits ein großer Fokus auf den gesamten Produktlebenszyklus gelegt. Nachdem das Projekt beendet, das Ergebnis übergeben und im Einsatz ist, kann analysiert werden, ob die Annahmen über den Zustand im Produktlebenszyklus korrekt waren.

Handelt es sich um ein kommerzielles Produkt, können weitere Kennzahlen verfolgt werden. Hier ist zum Beispiel die Ausfallrate eine wichtige Einheit. Das Projektteam sollte sich allerdings nicht von dem wirtschaftlichen Erfolg zu stark beeinflussen lassen.

Der wirtschaftliche Erfolg ist von einigen Faktoren abhängig, auf die das Projektmanagement keinen Einfluss hat. Wurde das Marketing nicht sehr effektiv umgesetzt und der Absatz bleibt hinter den Erwartungen zurück, ist dies eine Fehleinschätzung, die vom Auftraggeber vorgenommen wurde. Solange alle Anforderungen des Kunden eingehalten wurden, ist das Projektergebnis zufriedenstellend. Erst wenn sich in der langfristigen Anwendung zeigt, dass Schwachstellen vorhanden sind, müssen diese dokumentiert werden.

Auch die Sachressourcen müssen beim Abschluss des Projektes so behandelt werden, dass keine Verschwendung entsteht. Die Betriebsmittel können an andere Projekte übergeben werden oder im Unternehmen verbleiben. Der Zustand ist so zu behalten, dass diese ohne Probleme nutzbar bleiben.

Während des Projektes können zudem noch weitere Verträge geschlossen worden sein. Dies betrifft vor allem die Infrastruktur. Hier können Gebäude oder Räumlichkeiten gemietet worden sein, um die Kapazitäten während des Projektes zu erweitern. Auch Maschinen oder andere Geräte können angemietet worden sein. Beim Abschluss des Projektes muss sichergestellt werden, dass die Verträge ordentlich gekündigt wurden. Andernfalls entstehen Folgekosten, die eigentlich vermeidbar waren.

Dies stellt eine sehr grobe Checkliste dar, die vom Projektleiter beim Abschluss des Projektes abgearbeitet werden sollte.

Ein Fehler ist häufig, dass diese Abschlussarbeit unterschätzt wird. Indem aber eine schriftliche Dokumentation in Form dieser Checkliste vorliegt, kann die Arbeit viel besser strukturiert werden. Somit reduziert sich der Arbeitsaufwand und die folgende Nachbereitung und Dokumentation kann besser durchgeführt werden.

Formale Projektabschluss

Der Projektabschluss kann in unterschiedliche Kategorien einsortiert werden. Eine wichtige Seite des Abschlusses ist das formale Beenden des Projektes. Hier werden vor allem die Dokumentationen und Analysen des Projektverlaufes eingeschlossen.

In der ersten Aufgabe muss die Projektdokumentation vollständig angefertigt werden. Das Projekt wird von einer Vielzahl von Plänen und Dokumenten begleitet. Manche Pläne werden erst nach dem Ende des Projektes komplett ausgefüllt. Auch wenn das Projekt bereits abgeschlossen ist, sollte die Dokumentation nicht vernachlässigt werden. Schließlich dienen diese als Archiv für zukünftige Projekte.

Anhand der Dokumentation kann zudem der gesamte Projektverlauf besser nachvollzogen werden. Unter Umständen kann die Dokumentation auch bei Haftungsfällen des Ergebnisses eine Rolle spielen.

Das Projekt mit unvollständigen Dokumentationen zu beenden, wäre eine Nachlässigkeit, die negative Auswirkungen in der Zukunft mit sich bringen kann. Die Dokumente dienen als Orientierung für neue Projekte und können somit noch einen Nutzen bieten.

Aus diesem Grund ist es wichtig, dass die Dokumente nicht nur angefertigt, sondern ordentlich archiviert werden. Aufgrund der Vielzahl der Dokumente ist eine Systematik bei der Archivierung wichtig, damit diese ohne großen Suchaufwand wiedergefunden werden.

Im Laufe des Projektes kam es wahrscheinlich zu einigen Änderungen. Diese Änderungen wirken sich auch auf die Dokumentation aus. So gab es Pläne, die zwar erstellt, aber nie umgesetzt wurden. Oder es gibt Dokumente, deren Anwendung zunächst geplant war, die aber nie tatsächlich ausgefüllt wurden.

Offensichtlich haben diese Dokumente für das Projekt keinerlei Bedeutung. Um die Übersichtlichkeit bei den Dokumenten zu bewahren, sollten solche Pläne vernichtet werden. Diese hatten keinerlei Einfluss auf den Projektverlauf und bieten daher keine brauchbaren Informationen.

Durch die Bereinigung dieser Dokumente fällt es leichter, die wirklich wichtigen Informationen zu finden. Vorsicht ist jedoch geboten, wenn Dokumente geändert und unter einer neuen Versionsnummer vorzufinden sind. Alte Versionsnummern von Dokumenten, die im Projekt angewendet wurden, sollten weiterhin im Bestand des Archivs bleiben.

Durch die älteren Versionsnummern bleibt eine komplette Rückverfolgbarkeit der Änderungen möglich. Das Projekt kann auf diese Weise besser nachvollzogen werden.

Dokumente, die allerdings über keinen Wert oder Informationsgehalt verfügen, sollten in jedem Fall aussortiert werden. Dies dient nicht nur der Übersichtlichkeit, sondern verhindert, dass falsche Informationen weitergegeben werden. So wird eine Verwechslungsgefahr von Dokumenten verhindert.

Um eine Verwechslung zu verhindern und die Informationen korrekt aufzubereiten, ist eine gründliche Benennung und Beschriftung der Dokumente notwendig. Im Moment mögen die Dokumente noch nachvollziehbar sein. Dies liegt zum Großteil aber daran, dass das Projekt gerade erst fertiggestellt wurde und der Ablauf noch klar und deutlich in der Erinnerung vorhanden ist.

Sollen die Dokumente in einigen Jahren für ein neues Projekt genutzt werden, sind diese Erinnerungen nicht mehr so frisch. Dann ist eine ausführliche und genaue Benennung der Dokumente notwendig, um den Projektverlauf nachvollziehen zu können. Es mag zwar etwas zusätzlichen Aufwand bedeuten, für zukünftige Projekte reduziert sich der Suchaufwand allerdings immens.

Dabei ist nicht nur die Benennung der physischen Dokumente wichtig. Auch elektronische Dateinamen sollten einem bestimmten Muster entsprechen. Das Datum kann zum Beispiel ein Anhaltspunkt im Dateiname sein. Zusätzlich können auch die Abteilung und der Verantwortliche benannt werden.

Es wurde bereits angesprochen, dass ungenutzte Dokumente vernichtet werden sollten. Dies gilt nicht für Dokumente, die zwar veraltet, aber dennoch angewandt wurden. Nur durch die Archivierung dieser Dokumente lässt sich der Projektverlauf komplett rekonstruieren. Für eine bessere

Übersicht können die Dokumente eigene Versionsnummern erhalten.

Im Normalfall sind bei Änderungen bereits neue Versionsnummern zu vergeben. Wurde dies während des Projektes jedoch vernachlässigt, kann dies beim Abschluss nachgeholt werden. So lässt sich genau nachvollziehen, welche Dokumente zu welchem Zeitpunkt eine Gültigkeit besaßen.

Die Genauigkeit des formalen Projektabschlusses drückt sich auch in vielen Details aus. Durch die Vielzahl an elektronischen Dateien die anfallen, sollte ein System eingeführt werden, welches das Finden dieser Dateien erleichtert.

Dazu ist es hilfreich, wenn eine umfangreiche Katalogisierung mittels Ordner und Unterordner erfolgt. In den Ordnern können entweder einzelne Aktivitäten, wie zum Beispiel Meetings, abgelegt werden oder es können Merkmale des Projektes zum Einsatz kommen. So können die Ordner auch nach Projektaufgaben und Pläne getrennt sein.

In jedem Fall ist es wichtig, dass diese Arbeiten systematisch und sehr genau durchgeführt werden. Es stellt für das laufende Projekt zwar einen zusätzlichen Aufwand dar. Langfristig wird sich diese Arbeit lohnen, da das Wissen und die Erfahrungen leichter zugänglich sind.

Auch für externe Parteien ist solch eine Aufbereitung von großem Vorteil. Sie erhalten schnell eine Einsicht in die Struktur des Projektes und können die Arbeiten wesentlich schneller nachvollziehen.

Verabschiedung der Mitarbeiter

Ein Projekt besteht nicht nur aus Dokumenten und Plänen. Die Hauptarbeit leisten Menschen, die zusammen in Teams an der Verwirklichung des Projektes gearbeitet haben. Für einige der Mitarbeiter steht nun ein neuer Karriereabschnitt an und aus sozialen Gründen bietet es sich an, die Mitarbeiter zu würdigen und sich ordentlich zu verabschieden.

Dies stellt nicht nur einen versöhnlichen Abschluss dar und ist ein Grund zur Freude. Aus praktischen Gründen kann solch ein Abschluss auch dazu dienen, die gemeinsamen Beziehungen zu intensivieren. Die Mitarbeiter lernen sich besser kennen und die Partnerschaft zum Auftraggeber kann verbessert werden.

Durch den sozialen Abschluss bleibt das Projekt bei allen Beteiligten in guter Erinnerung. Dies sorgt für eine höhere Zufriedenheit und stellt sicher, dass der Fokus auf dem neuen Projekt oder den neuen Aufgaben gelegt werden kann.

Der Projektabschluss ist aber auch eine Möglichkeit, einfach ausgelassen zu feiern und all den Stress zu verarbeiten. Schließlich ist die Projektarbeit getrieben von Terminen und harter Arbeit. Mitarbeiter müssen oftmals Überstunden ableisten und gerade die Schlussphase eines Projektes kann sehr hektisch werden. Wurde das Projekt abgeschlossen, ist es an der Zeit auch die anderen Seiten der Teamarbeit zu genießen und seinen Erfolg gemeinsam zu feiern.

Aus diesem Grund ist es anzuraten, dass ein gemeinsames Event geplant wird. Welche Aktivität geplant wird, hängt vom Projekt und der Projektgröße ab. Dies kann eine kleine gemütliche Grillfeier sein oder eine ausgelassene Party in einem hochwertigen Restaurant sein.

Wie die Feier gestaltet wird, ist aber natürlich dem ausführenden Unternehmen überlassen. Wichtig ist, dass die Interessen aller Mitarbeiter gewahrt werden. So ist der Besuch eines Nachtclubs nicht gerade für alle Zielgruppen geeignet.

Des Weiteren muss entschieden werden, wer alles zu dem Abschluss-Event eingeladen wird. Die Mitarbeiter sind alle herzlich eingeladen und hier sollte kein Unterschied zwischen dem Projektleiter und den restlichen Mitarbeitern gemacht werden. Jeder Mitarbeiter, auch wenn er nur für kurze Zeit im Projekt mitgewirkt hat, ist für den Abschluss mitverantwortlich.

Darüber hinaus kann entschieden werden, ob auch der Auftraggeber und die Stakeholder eingeladen werden. Dies hängt davon ab, wie eng die Arbeitsweise war und ob die Einladungen in den Rahmen des Abschluss-Events passen würden.

Das Abschluss-Event sollte bereits bei der Planung des Projektes berücksichtigt werden. Ein Mindestbudget ist daher von Anfang an einzuplanen. Ist kein größeres Budget vorhanden, können auch simple Treffen durchgeführt werden.

Das Mindeste sollte sein, dass eine gesellige Runde mit einem kleinen Buffet durchgeführt wird. Dies kann auch vom Projektauftraggeber übernommen werden. Ist dieser mit der Arbeit des Projektteams zufrieden, gehört es zum guten Ton, dass dieser sich am Abschluss-Event beteiligt und selber etwas zu der Feier beisteuert.

Damit die Abschlussfeier tatsächlich in guter Erinnerung bleibt und ein würdiges Ende für das Projekt darstellt, sollte diese etwas Besonderes sein. Teilweise werden die Abschlussfeiern als Belastung und Arbeitsaufwand angesehen. So werden diese mit Präsentationen überzogen, die eigentlich kaum einen Mitarbeiter in diesem Moment interessieren.

Daher ist es angebracht, wenn eine besondere Location aufgesucht wird und dort die Arbeit hinter sich gelassen wird. So entsteht eine gute Stimmung, durch die genügend Energie gewonnen wird, damit das nachfolgende Projekt in Angriff genommen werden kann.

Ein fester Bestandteil des Abschluss-Events sollte die Wertschätzung der Mitarbeiter sein. Eine kurze Ansprache des Auftraggebers und Projektleiters sollten diese Wertschätzung zum Ausdruck bringen. Zusätzlich können verschiedene Ehrungen ausgeführt werden.

Schön ist es, wenn jeder Mitarbeiter in gewisser Weise gewürdigt wird. Bei großen Projekten kann dies durch einen persönlichen Handschlag und der Übergabe einer Urkunde geschehen. Eine nette Geste ist es, wenn kleinere Geschenke der Urkunde beigefügt werden. Dies muss nichts besonders Wertvolles sein. Es geht hauptsächlich darum, die persönliche Leistung anzuerkennen.

Menschen sind zudem soziale Wesen. Die Arbeit in einem kleinen Team schweißt über die Dauer des Projektes zusammen. Das Projekt zu beenden bedeutet auch, sich von diesen Menschen und dem Team zu lösen. Dies kann noch solch einer Dauer und engen Beziehung zunächst noch schwerfallen.

Beim Abschluss-Event sollte genügend Raum gegeben werden, der für den persönlichen Austausch genutzt werden kann. Ein ausschließlicher Besuch im Restaurant ist daher nicht unbedingt die passende Location, da die Mitglieder zu sehr an Ihren Plätzen gebunden sind.

Eine weitere schöne Geste, um das Projekt zu beenden ist ein symbolischer Akt. Dieser kann darin bestehen, dass das Projektergebnis symbolisch übergeben wird. Es können aber auch andere Gesten genutzt werden. Ein Gong-Schlag oder der Ton einer Sirene stellen eine besonders eindrucksvolle Variante dar.

Auf diese Weise wird der emotionale Abschluss unterstützt und die Mitarbeiter können sich besser von dem Projekt und den Teamkollegen lösen. Für die Mitarbeiter ist es ratsam, wenn diese Visitenkarten mit Kontaktmöglichkeiten mitführen. So kann entweder der berufliche oder private Kontakt weitergeführt werden.

Als Kontaktmöglichkeit im beruflichen Sinne bietet sich die Teilnahme an sozialen Netzwerken an, die besonders auf die Karriere ausgerichtet sind. Hier ist vor allem die Plattform LinkedIn zu nennen. Da die meisten Auftraggeber und Unternehmen dort vertreten sind, ist die Teilnahme mit beruflichen Chancen verbunden. Das eigene Profil dient hierbei als Aushängeschild und die berufliche Kontaktaufnahme ist sehr simpel.

Für ein gelungenes Abschluss-Event ist auch entscheidend, wann dieses durchgeführt wird. Nach dem Projektabschluss sollte nicht zu lange gewartet werden. Es sollte sich nicht mit dem Beginn neuer Projekte überschneiden und für alle Beteiligten noch in frischer Erinnerung sein. Daher ist es ratsam, wenn schon frühzeitig das Event geplant wird. Dadurch lässt sich besser ein Termin finden und die Erfolgswahrscheinlichkeit für das gesamte Event ist höher.

Der Abschlussbericht

Neben der formalen Dokumentation und der sozialen Komponente stellt der Abschlussbericht die dritte wichtige Maßnahme während des Projektabschlusses dar. Jetzt wird eine Bilanz darüber gezogen, wie erfolgreich das Projekt war und ob die Ziele erreicht wurden.

Hierzu wird im Projektteam die Leistung beurteilt und im Abschlussbericht aufgezeigt. Die Abschlusspräsentation dient aber hauptsächlich dem Auftraggeber. Dieser wird durch die Präsentation über die Arbeit und dem Ergebnis unterrichtet.

Wird eine Abschlusspräsentation für größere Projekte durchgeführt, ist es sinnvoll, wenn alle Stakeholder an dieser Präsentation teilnehmen. So müssen die Ergebnisse nicht für jede Partei einzeln aufbereitet werden, sondern diese werden direkt dem breiteren Publikum zur Verfügung gestellt.

Ob die Stakeholder an der Präsentation teilnehmen dürfen, obliegt in der Regel der Entscheidung des Auftraggebers. Möglicherweise könnten während der Präsentation Informationen preisgegeben werden, die eigentlich nicht für alle Stakeholder bestimmt sind. Diese Einschätzung trifft der Auftraggeber.

Inhaltlich geht es im Abschlussbericht und der Präsentation darum, wie die Ziele verwirklicht wurden und auf welche Weise der Nutzen zustande kommt. Daneben gibt es noch die Projekteigenschaften, die aufgezeigt werden. Dabei wird aufgeschlüsselt, wie hoch die Kosten waren und für welche Arbeiten diese angefallen sind. Gibt es hierbei Besonderheiten, die sich anhand der Kosten ablesen lassen oder entsprachen die Kosten den Planungen?

Auch andere Probleme können im Abschlussbericht und der Präsentation angesprochen werden. Dass es während eines Projektes zu Herausforderungen und Schwierigkeiten kommt, ist kein Grund zur Scham. Solche Fälle treten selbst bei der gründlichsten Planung auf. Wichtig ist nur, wie mit solchen Problemfällen umgegangen wird.

Der Umgang mit Problemen und wie diese gelöst werden, sollte daher auch ein Bestandteil des Abschlussberichtes und der Präsentation sein. Während der Präsentation ist aber nicht zu viel Detailarbeit gefragt. Die Zahlen werden bereits im Abschlussbericht genannt und können dort nachgeschlagen werden.

Die Abschlusspräsentation dient eher der mündlichen Aufbereitung und der Erläuterung. Wird diese zu "trocken" gestaltet, wird diese eher als zusätzliche Last empfunden. Es ist ausreichend, wenn eine grobe Übersicht dargestellt wird. Diese trägt zum allgemeinen Verständnis bei und zeigt auf, ob die Ziele erreicht wurden.

Für den Projektleiter stellt die Abschlusspräsentation zugleich auch die letzte offizielle Arbeit im Projekt dar. Der Auftraggeber ist während der Präsentation anwesend und kann das Projektergebnis in diesem Zuge abnehmen. Dadurch wird der Projektleiter von seinen Aufgaben entbunden.

Je nach Umfang des Projektes wird die Abnahme aber nicht direkt bei der Abschlusspräsentation durchgeführt. Der Auftraggeber muss zunächst noch die Dokumente und Ergebnisse prüfen. Daher vereinbaren Projektleiter und Auftraggeber noch einen letzten Termin, bei dem Sie die Abnahme bestätigen.

Wie genau das Projekt abgenommen wird und welche Schritte dafür notwendig sind, wird bereits in der Planungsphase festgelegt. Im Allgemeinen muss der Auftraggeber den entsprechenden Vertrag zum Abschluss des Projektes unterschreiben. Es kann aber auch notwendig sein, dass das Projekt von offizieller Seite abgenommen werden muss. Dies kann zum Beispiel durch eine Baubehörde vorgeschrieben sein. Es könnte also noch die Unterschrift eines Sachverständigens notwendig sein.

Durch die Unterschrift des Auftraggebers bestätigt dieser aber bereits offiziell, dass er das Projekt abgenommen hat. Dadurch wird die Arbeit am Projekt beendet und Nachbesserungen sind vorerst nicht geplant. Nur für den Fall, dass während des Einsatzes des Projektergebnisses Fehler auftauchen, ist eine Haftung und Nachbesserung notwendig.

Die Abschlusspräsentation gilt zudem als offizieller Abschluss vonseiten des durchführenden Unternehmens. Sie stellt den Schlussakkord dar und sollte dementsprechend auch in einem ordentlichen Rahmen gestaltet werden.

Schließlich stellt die Präsentation den letzten Eindruck dar, den der Auftraggeber vom Projekt erhält. Erfolgt keine ordentliche Vorbereitung und die Präsentation wirkt wenig überzeugend, kann dies den Gesamteindruck des Projektes trüben.

Eine positive und sehr gut gestaltete Präsentation kann jedoch den Gesamteindruck verbessern und die Arbeit positiv hervorheben. Damit erfüllt die Präsentation auch einen Marketingzweck und sollte nicht einfach beiläufig erarbeitet werden.

Mit einer inhaltsstarken Präsentation, die überzeugend vorgetragen wird, erhält der Auftraggeber einen schönen Schlusspunkt für das Projekt. Dieser Eindruck wirkt nach und möglicherweise rückt der nächste Auftrag viel näher.

Der Projektabschluss ist also viel mehr, als nur die Aushändigung des Projektergebnisses. Sie stellt eine eigene Phase im Projekt dar und sollte dementsprechend ausführlich geplant und durchgeführt werden.

Häufig wird diese Phase in Projekten vernachlässigt. Einerseits um Kosten zu sparen, aber auch, um schneller neue Projekte beginnen zu können. An dieser Stelle zu sparen kann sich in der Zukunft aber rächen. Erfahrungswerte werden nicht ausführlich genug dokumentiert und können daher nicht für zukünftige Projekte verwendet werden.

Damit das Projekt optimal abgeschlossen wird, sollten zu Beginn alle noch anfallenden Aktivitäten eingeplant und bedacht werden. Häufig werden die Aufgaben, die am Ende des Projektes anfallen unterschätzt. Eine Verzögerung im Projektverlauf könnte dann die Folge sein, worunter auch die Abschlusspräsentation leiden könnte.

Nach dem Ende des Projektes bietet ein Abschluss-Event eine gute Möglichkeit, um einen Rückblick auf die gemeinsame Arbeit zu werfen und einen Abschluss zu finden. Der Stress der vergangenen harten Arbeitswochen- und Monate kann abgelegt werden und eine Neuorientierung der Mitarbeiter folgt. Sie können sich entweder neuen Projekten widmen oder anderen Aufgaben nachgehen. Teilweise stellt das Abschluss-Event für sie auch eine Möglichkeit dar, um neue berufliche Kontakte zu knüpfen, die für die Zukunft von Bedeutung sein können.

Daher sollte der Abschluss nicht unterschätzt werden und schon von Beginn des Projektes mit einer eigenen Projektphase bedacht werden. Nur auf diese Weise ist ein ordentlicher Abschluss möglich, bei dem ein Mehrwert für zukünftige Projekte generiert wird.

Fazit

Projekte können in vielfältiger Form angefertigt werden. Sie können als Bauprojekte auftreten, ein Event darstellen oder im Zuge einer Produktentwicklung zum Einsatz kommen. Gekennzeichnet werden sie dadurch, dass sie einzigartig sind. Jedes Projekt stellt eine neue Erfahrung dar und anhand dieser Arbeit ergeben sich immer wieder individuelle Herausforderungen.

Das Projektmanagement ist dafür zuständig, dass die Ziele des Projektes eingehalten werden. Die Ziele werden hauptsächlich unter den Gesichtspunkten der Kosten, Qualität und Termine festgehalten. Im Zusammenspiel ergeben die drei Ziele das "magische Zieldreieck" des Projektmanagements.

Aufgabe des Projektmanagements ist es nun, die Ziele und Vorgaben des Kunden umzusetzen. Dabei ergeben sich einige Herausforderungen. Die Ziele können im Widerspruch zueinanderstehen und es ist die Aufgabe des Projektmanagements, diese dennoch so umzusetzen, dass der Kunde mit dem Ergebnis zufrieden ist.

Ob ein Projekt erfolgreich ist oder nicht, hängt von dem Grad der Umsetzung der Anforderungen ab. Der Auftraggeber und die beteiligten Akteure haben konkrete Vorstellungen, welches Ergebnis erzielt werden soll. Wird das Ergebnis wie gefordert erreicht, gilt das Projekt als erfolgreich.

Dies bedeutet, dass nicht jeder Abschluss eines Projektes auch als Erfolg gewertet wird. Wird ein Projekt zu spät fertiggestellt oder geraten die Kosten aus dem vorher festgelegtem Rahmen, sinkt die Zufriedenheit des Kunden. Das Projekt wurde zwar beendet, im Sinne des Projektmanagements wird dieses aber nicht als Erfolg gewertet.

Das Projektmanagement und insbesondere der Projektleiter sind dafür verantwortlich, das Projekt zu steuern. Damit wird sichergestellt, dass der Zielfokus besteht und das Ergebnis den Anforderungen des Kunden entspricht.

Hauptverantwortlich für die Fertigstellung des Projektes sind die Mitarbeiter. Diese finden sich in Teams zusammen. Die erfolgreiche Teamarbeit ist einer der kritischen Punkte, der im Projekt genauer betrachtet werden muss. Ein Faktor für die erfolgreiche Zusammenarbeit ist die Teamgröße. Gerade wenn das Projekt nicht so voranschreitet, wie gewünscht, könnte eine Maßnahme sein, zusätzliche Mitglieder für die Arbeit bereitzustellen. In der Praxis zeigt sich allerdings, dass der Kommunikationsaufwand schon bei wenigen zusätzlichen Mitarbeitern in einem Umfang anwächst, welcher kaum zu kontrollieren ist.

Eine Teamgröße von 6 Mitgliedern gilt für Projekte als optimale Anzahl an Personen. Herrscht ein Verzug im Projekt, sollte die Möglichkeit erörtert werden, ob die Teammitglieder die Arbeitszeit erhöhen können. Dieser Zustand sollte allerdings nur für eine kurze Zeit anhalten. Die Mitarbeiterzufriedenheit könnte zu stark sinken und langfristig zu einer verminderten Produktivität führen.

Bei der Teamzusammenstellung gilt ebenfalls, dass die Mitglieder nicht nur fachlich, sondern auch menschlich zusammenpassen müssen. Jedes Teammitglied sollte sich mit dem Team identifizieren und zum Erfolg des Projektes beitragen. Das Projektmanagement stellt dafür die Rahmenbedingungen.

Eine offene Kommunikation sorgt dafür, dass Probleme angesprochen und gelöst werden können. Andernfalls besteht die Gefahr, dass Konflikte während des gesamten

Projektablaufes ausgetragen werden. Diese können die Fertigstellung des Projektes massiv verzögern.

Damit eine optimale Arbeitsatmosphäre vorherrscht, sollte jeder Mitarbeiter wertgeschätzt werden. Jeder Mitarbeiter ist gleichberechtigt und nur die jeweiligen Teamleiter sind diesen übergeordnet. Mit der Zusammensetzung der Teams steht und fällt unter Umständen das Projekt. Daher muss schon direkt zu Beginn des Projektes eine genaue Auswahl erfolgen.

In Workshops können die Teilnehmer sich kennenlernen. Dies ist notwendig, um die anderen Charaktere kennenzulernen. Auftretende Konflikte werden in dieser Phase gelöst und das Projekt profitiert von dieser engen Zusammenarbeit, die schon zu Beginn des Projektes stattfindet.

Nicht nur die eigenen Mitarbeiter haben einen großen Einfluss auf den Verlauf des Projektes. Von außen gibt es ebenfalls einige Akteure, die über den Erfolg des Projektes entscheiden. Diese beteiligten Parteien werden als Stakeholder bezeichnet. Als Stakeholder können alle Personen oder Organisationen auftreten, die einen Einfluss auf das Projekt nehmen.

Dies können sowohl Unternehmen sein, die als Lieferanten auftreten oder ein finanzielles Interesse am Projekt verfolgen. Es können aber auch Anwohner sein, die gegen den Bau eines Gebäudes in der direkten Nachbarschaft protestieren. Gerade der Einfluss der Bürger sollte nicht unterschätzt werden. Bauprojekte und Events benötigen die Zustimmung aller Beteiligten. Fehlt diese Unterstützung, kann ein Rechtsstreit den Verlauf des gesamten Projektes negativ beeinflussen.

Damit ein Projekt gemäß den Zielen des Kunden erfolgreich verläuft, müssen dessen Anforderungen festgehalten werden. Nur wenn die Anforderungen erfüllt werden, ist der Kunde mit dem Projektergebnis zufrieden. Das Projektmanagement sollte daher bei der Ausführung der Aufgaben immer den Bezug zu den Anforderungen wahren. Im Vordergrund steht hierbei, dass durch das Projekt ein Mehrwert geschaffen wird. Das Ergebnis stellt für den Kunden den Nutzen dar, den er sich gewünscht hat.

Hierbei muss das magische Zieldreieck des Projektmanagements beachtet werden. Dieses bewertet ein Projekt anhand der Kriterien der Kosten, der Qualität und der Termingenauigkeit. Ein Projekt, welches zwar zu dem vereinbarten Kosten fertiggestellt wird, aber von einer hohen Verzögerung im Terminablauf geprägt ist, wird den Kunden mit hoher Wahrscheinlichkeit nicht zufriedenstellen. Schließlich können Konkurrenten zuerst Produkte auf den Markt gebracht haben, die dem eigenen Produkt überlegen sind.

Bei der Definition der Ziele müssen die Prioritäten des Auftraggebers berücksichtigt werden. Dieser kann entscheiden, ob besonders die Kosten oder die Termingenauigkeit für Ihn eine große Rolle spielen. Das Projektmanagement sollte hierbei keine eigenmächtigen Entscheidungen treffen, sondern immer die Bedürfnisse des Kunden beachten.

Die Anforderungen werden in unterschiedlichen Kategorien beschrieben. Diese können als absolute Grundvoraussetzung für das Projekt angesehen werden, ohne welche der Kunde unzufrieden wäre. Es kann aber auch Anforderungen geben, die zwar für eine Zufriedenheit sorgen, aber eine Abwesenheit dieser Eigenschaften sorgt für keine Unzufriedenheit.

Das Projektmanagement sollte sich darauf konzentrieren, in erster Linie die Grundanforderungen zu erfüllen, die für den Kunden absolut unverzichtbar sind. Danach sollte erst damit begonnen werden, das Produkt oder das Projektergebnis um Merkmale zu erweitern, die vom Kunden positiv aufgenommen werden.

Zu Beginn sollte zudem schon definiert werden, wie die Überprüfung der Ziele stattfindet. Die Ziele müssen so definiert werden, dass es einen festen Zeitpunkt gibt und eine Überprüfung stattfinden kann. Ein Problem bei der Erstellung des Projektplanes könnte sein, dass die Ziele auf einer Weise definiert werden, die eine Überprüfung praktisch unmöglich machen würden. Ein Beispiel hierfür ist die subjektive Bewertung, ob ein Gebäude "schön" sei. Solche Ziele können vom Projektmanagement weder umgesetzt, noch bewertet werden. Daher ist es wichtig, dass die Ziele und Anforderungen so umschrieben werden, dass eine objektive und exakte Überprüfung möglich ist.

In welcher Form die Überprüfung stattfindet, wird schon zu Beginn festgelegt. Dies kann auch mit dem Auftraggeber abgestimmt werden. Dadurch kann es im Verlauf des Projektes nicht zu Unstimmigkeiten kommen, wenn andere Methoden der Überprüfung bevorzugt werden.

Möglicherweise würden diese zu anderen Ergebnissen führen und somit für Konflikte sorgen.

Grundlage des Projektes ist der Projektstrukturplan. In ihm werden sowohl die Anforderungen als auch die Ziele festgelegt. Ausgehend von den Anforderungen des Kunden ist eine Analyse aller Arbeitsabläufe notwendig. Diese Arbeitsabläufe werden in Arbeitspakete zusammengefasst. Die Arbeitspakete dienen als Informationsquelle für den gesamten Projektablauf. In ihnen werden nicht nur die Arbeiten festgehalten, die von den Teams durchgeführt werden. Die Arbeitspakete enthalten auch zahlreiche weitere Informationen.

Sie beschreiben unter anderem die Termine, an welchen die Arbeitspakete begonnen und abgeschlossen werden. Die Kosten werden ebenso festgehalten, wie die möglichen Risiken, die auftreten können. Wie umfangreich die Beschreibung der Arbeitspakete ist, hängt von den Bedürfnissen des Projektes ab. Diese Basisbedürfnisse sollten allerdings in jedem Arbeitspaket festgeschrieben werden.

Im Projektstrukturplan werden die Arbeitspakete sortiert. Daraus ergibt sich schon der gesamte Plan über den Ablauf des Projektes. Diese Arbeit wird vom Projektleiter im Zusammenspiel mit den Verantwortlichen der Arbeitspakete durchgeführt.

Zusätzlich zum Projektstrukturplan gibt es weitere wichtige Pläne, die schon zu Beginn angefertigt werden. Dazu gehört der Meilensteinplan. Dieser bietet vor allem eine zeitliche Grundlage für den Projektablauf. In ihm wird festgehalten, welche wichtigen Aufgaben zu welchem Zeitpunkt verwirklicht sein sollen. Der Meilensteinplan gilt als vertragliche Grundlage zwischen dem Auftraggeber und dem Projektmanagement. Dieser Plan zeigt an, ob zeitliche Verzögerungen im Projekt auftreten. Ist dies der Fall, muss gemeinsam mit dem Auftraggeber entschieden werden, wie diese Verzögerungen aufgeholt werden können.

Um zeitliche Verzögerungen im Vorhinein besser darstellen zu können, kann ein Netzplan helfen. In Ihm werden die einzelnen Arbeitspakete als Knoten dargestellt. Die Knoten haben einen definierten Anfangs- und Endzeitpunkt, sowie eine festgeschriebene Dauer. Nicht jedes Arbeitspaket hat einen maßgeblichen Einfluss auf die Fertigstellung des Projektes. Es gibt Aufgaben, die parallel ablaufen und zu unterschiedlichen Zeitpunkten im Projekt fertiggestellt werden können.

Im Gegensatz dazu, gibt es Kernaufgaben, die nacheinander ablaufen und erst angefangen werden können, wenn die vorherige Aufgabe abgeschlossen wurde. Solche zeitlich kritischen Wege werden festgehalten und hervorgehoben. Dadurch ist direkt ersichtlich, welche Aufgaben auf keinen Fall einer Verzögerung unterliegen dürfen. Anhand dieser Pläne kann das Projektmanagement den Verlauf des Projektes auf verschiedene Weisen darstellen und steuern.

Das Anfertigen dieser Pläne ist jedoch mit einigen Unsicherheiten verbunden. Da das Projekt neuartig ist, können Erfahrungen von ähnlichen Projekten zwar helfen, es gibt jedoch keine Sicherheit darüber, ob die eigenen Schätzungen der Realität entsprechen werden.

Neben diesen Unsicherheiten gibt es noch zahlreiche andere Risiken, die während des Projektverlaufes auftreten können. Es kann sein, dass eine Aufgabe nicht wie geplant abgeschlossen werden kann oder das ein Lieferant im Verzug ist.

Diese Risiken werden im Risikomanagement erörtert. Hierbei werden direkt zu Beginn der Planungsphase alle möglichen Risiken festgehalten. Der Projektleiter, das Risikomanagement und die Verantwortlichen der einzelnen Teams setzen sich zu diesem Zweck zusammen und erörtern, welche Probleme bei jeder Aufgabe auftreten können.

Danach werden die Probleme kategorisiert. So gibt es Probleme, die einen großen Einfluss auf das Projekt nehmen können und die über eine hohe Eintrittswahrscheinlichkeit verfügen. Diese Kombination ist besonders gefährlich. Aus diesem Grund ist eine Vorbereitung notwendig. Es werden bereits geeignete Gegenmaßnahmen geplant, noch bevor der Schadensfall überhaupt eingetreten ist.

Eine Möglichkeit dem Risiko zu begegnen ist der Abschluss einer Versicherung. Hierbei wird die Unsicherheit genommen und direkt abgesichert. Allerdings gehen damit höhere kosten einher. Eine andere Möglichkeit die Probleme zu bewältigen, kann in der Ausweitung der Kapazitäten eines Teams liegen. Es können neue Mitarbeiter dem Team hinzugefügt werden oder die bereits bestehenden Teammitglieder erhöhen Ihre Arbeitszeit.

Neben den Risiken der höchsten Kategorie, gibt es Risiken, die zwar einen Einfluss nehmen können, deren

Eintrittswahrscheinlichkeit allerdings geringer ist. Solche Probleme sollten weiterhin beobachtet werden. Gegenmaßnahmen müssen noch nicht ergriffen werden, aber es könnte sein, dass das Risiko im Verlauf des Projektes bedeutender wird. Dementsprechend steigt es in die höchste Kategorie auf und es müssen vorbereitende Maßnahmen durchgeführt werden.

Qualität wird heutzutage als selbstverständlich angesehen. Sowohl beim Verkauf von Produkten als auch bei der Fertigstellung von Projekten ist die Qualität einer der wichtigsten Faktoren.

Die Qualität in einem Projekt hängt maßgeblich von den Anforderungen des Kunden ab und inwiefern diese erfüllt wurden. Es kommt hierbei nicht zwingenden auf die Qualität des Produktes an, sondern zu welchem Grad die Vorgaben und Ziele des Auftraggebers eingehalten wurden.

Zu diesen Zielen gehören auch die Kosten und die Genauigkeit der Termine. Es zeigt sich also wieder, dass diese Ziele in einem starken Zusammenhang miteinander stehen. Nur wenn die Kosten, Termine und das eigentliche Projektergebnis nach den Vorgaben des Kunden eingehalten werden, wird von einer hohen Qualität des Projektes gesprochen.

In dieser Betrachtung sollte der Projektlebenszyklus nicht fehlen. Handelt es sich bei dem Projekt um ein Produkt, welches auf den Markt gebracht wird, sollte dieses während des gesamten Produktlebenszyklus die hohe Qualität beibehalten. Stellt sich heraus, dass es im Verlaufe der Benutzung zu Problemen kommt, kann das

Projektmanagement in Haftung genommen werden. Daher ist bei dem Projekt nicht nur die Qualität zum Zeitpunkt der Fertigstellung von Bedeutung, sondern auch die langfristige Garantie, dass das Projektergebnis diese Qualität beibehält. Gleiches gilt auch für Bauwerke. Diese werden ebenfalls so ausgelegt, dass sie langfristig den gewünschten Nutzen bieten.

Für die Einhaltung der Qualitätsvorgaben ist das Qualitätsmanagement verantwortlich. Dieses ist um eine konstante Verbesserung des Projektes und der damit verbundenen Prozesse bemüht. Damit kann nicht nur die Qualität besser gewährleistet werden, auch die Kosten sinken und die Termine können eher eingehalten werden.

Im Zusammenhang mit der Qualität tritt auch die Termineinhaltung in den Vordergrund. Zeitliche Fristen und die pünktliche Lieferung der Projektergebnisse haben einen großen Einfluss auf den Nutzen des gesamten Projektes. Wird das Projekt mit einiger Verzögerung fertiggestellt, kann der Nutzen für den Auftraggeber stark gesunken sein.

Für die Einhaltung der Termine wird der Terminplan angefertigt. In ihm werden alle Aufgaben und die Zeitpunkte festgehalten. Der Netzplan gibt Auskunft darüber, welche Aktivitäten kritisch für den zeitlichen Erfolg des Projektes sind.

Um für einen besseren Überblick zu sorgen, ist auch die Anfertigung eines Gantt-Diagramms empfohlen. Dieses lässt sich optimal in einen Kalender integrieren und es ist sofort ersichtlich, welches Teammitglied zu welchem Zeitpunkt mit welchen Aufgaben vertraut ist.

Bei der Terminplanung müssen zudem Feiertage und andere besondere Tage berücksichtigt werden. Gibt es innerhalb des Unternehmens Tage, an denen die Projektarbeit nicht durchgeführt werden kann, muss sich dies in der Terminplanung widerspiegeln.

Treten im Verlauf des Projektes Verzögerungen auf, können diese mit einem finanziellen Mehraufwand korrigiert werden. Der finanzielle Mehraufwand entsteht zum Beispiel durch den Einsatz zusätzlicher Mitarbeiter, durch die Ausweitung der Arbeitszeit oder durch die Anschaffung zusätzlicher Maschinen.

Die Kosten in einem Projekt stellen die dritte wichtige Eigenschaft dar. Heutzutage ist die Konkurrenz am Markt sehr groß. Auftraggeber üben daher eine größere Marktmacht aus und der Konkurrenzkampf wird zu einem Großteil über die Preise geführt.

Bewirbt sich ein Unternehmen um die Durchführung eines Projektes, muss dieses zu Beginn die Kosten sehr genau kalkulieren. Danach wird die Gewinnmarge auf die Kosten des Projektes aufgeschlagen und dieser Projektpreis an den Auftraggeber weitergegeben. Dieser kann dann entscheiden, ob die Kosten seinem gewünschten Rahmen entsprechen oder ob das Projekt von einem Konkurrenten durchgeführt werden soll.

Zur Kalkulation der Kosten wird eine Kombination zweier Methoden angewandt. Bei der ersten Methode wird das Gesamtbudget des Auftraggebers genommen und auf die jeweils unteren Ebenen aufgeteilt. Die einzelnen

Abteilungen und Teams erhalten einen Anteil des Budgets und es muss abgeschätzt werden, wie hoch dieser Anteil ist.

Die zweite Vorgehensweise geschieht praktisch umgekehrt. Hierbei werden die Arbeitspakete betrachtet und deren möglichen Kosten aufgeführt. Die Kosten der Arbeitspakete werden summiert und stellen eine Basis der Gesamtkosten dar. Für das Projektmanagement muss ein Aufschlag von etwa 10 Prozent auf diese Kosten angenommen werden. Aus diesen beiden Ansichten kann ein relativ genauer Kostenrahmen geschätzt werden.

Der Projektleiter ist in Zusammenarbeit mit dem Projekt-Controlling für die Einhaltung des Kostenrahmens verantwortlich. Zudem muss zu jedem Zeitpunkt die Finanzierung des Projektes sichergestellt werden. In der Regel stellt der Auftraggeber anhand der Meilensteine die einzelnen Budgets zur Verfügung.

Während des Projektverlaufes muss laufend eine Überprüfung des Soll- und Ist-Wertes durchgeführt werden. Dies betrifft hauptsächlich die Kosten und die Liefertermine. Sind die tatsächlichen Kosten niedriger als die geplanten, muss dies nicht unbedingt positiv ausgelegt werden. Ursache für diese Abweichung kann auch eine zeitliche Verzögerung des Projektes sein. Daher muss gleichzeitig analysiert werden, wie hoch der erzeugte Nutzen des Projektes ist.

Selten werden Projekte so durchgeführt, wie sie zu Beginn geplant wurden. Der Auftraggeber hat die Möglichkeit Änderungen im Projekt einzubringen. Für die Umsetzung dieser Änderungen ist das Änderungsmanagement zuständig. Dieses erörtert, ob die Realisierung der Änderung möglich ist oder direkt abgewiesen werden muss.

Werden Änderungen am Projekt durchgeführt, muss sich dies in den Plänen widerspiegeln. Diese müssen aktualisiert und mit einer neuen Versionsnummer versehen werden. Nur durch eine sorgfältige Anpassung der Pläne ist es möglich, die Änderungen nachzuvollziehen und immer auf dem aktuellen Stand zu bleiben.

Zum Ende des Projektes muss dieses ebenfalls sorgfältig abgeschlossen werden. Dazu gehört, dass alle nicht genutzten Dokumente und Pläne vernichtet werden. Dadurch wird eine bessere Übersichtlichkeit hergestellt.

Zudem sollten alle Erfahrungen während der Projektdurchführung dokumentiert werden. Nur durch das Dokumentieren ist es möglich, die Erfahrungen für zukünftige Projekte zu nutzen. Diese können zurate gezogen werden, um genauere Schätzungen durchzuführen.

Ein Projekt wird aber nicht hauptsächlich von den Dokumenten getragen. Im Mittelpunkt stehen die Mitarbeiter und Menschen, die am Projekt beteiligt waren. Diese sollten im Rahmen eines Abschluss-Events gewürdigt werden.

Für den Auftraggeber wird eine Abschlusspräsentation angefertigt, die das Projektergebnis aufzeigt. Der Auftraggeber muss das Projekt zudem formell abnehmen. Je nach Umfang des Projektes muss diese Zeit eingeplant werden. Möglicherweise stehen noch Nacharbeiten an, die vom Auftraggeber gewünscht werden.

Hat der Kunde das Projektergebnis abgenommen, gilt das Projekt als beendet. Die Mitarbeiter können wieder an Ihren alten Wirkungsstätten arbeiten oder für Sie beginnt ein gänzlich neuer Karriereabschnitt.

Das Projektmanagement ist dafür verantwortlich, das Projekt zu lenken und dafür zu sorgen, dass die Anforderungen des Kunden erfüllt werden. Maßgeblich daran beteiligt ist der Projektleiter. Diesem unterstehen die einzelnen Teamleiter und durch das Controlling wird er mit Informationen versorgt.

Nur im Zusammenspiel aller Akteure ist die erfolgreiche Durchführung des Projektes möglich.

Impressum

Originale Erstauflage

Alle Rechte, insbesondere Verwertung und Vertrieb der Texte, Tabellen und Grafiken, vorbehalten.

Copyright © 2019 by Cherry Media GmbH

Druck/Auslieferung:
Amazon.com oder eine Tochtergesellschaft

ISBN: 978-3-96583-036-3

Impressum:

Cherry Media GmbH
Bräugasse 9
94469 Deggendorf
Deutschland